大众创业做电商

淘宝与微店

开店·运营·推广一册通

葛存山 著

人民邮电出版社
北京

图书在版编目（CIP）数据

大众创业做电商 : 淘宝与微店 开店 运营 推广一册通 / 葛存山著. -- 北京 : 人民邮电出版社, 2016.2(2017.9重印)
ISBN 978-7-115-41433-5

Ⅰ. ①大… Ⅱ. ①葛… Ⅲ. ①电子商务－商业经营 Ⅳ. ①F713.36

中国版本图书馆CIP数据核字(2016)第011442号

内容简介

本书是超级畅销书《淘宝网开店、装修、管理、推广一册通》作者聚焦电商创业领域的又一力作！全书共 10 章，主要内容包括电商创业起步、电子商务基础、快速发展的农村电商、注册淘宝开启电商之路、淘宝网店日常运营管理、网店推广方式、微信电商这样卖产品、开设微店随时随地做生意、店铺装修中的视觉营销、做大做强电商品牌。

本书适合电商创业新手阅读，包括在校学生、自由职业者以及淘宝和微商初级店主。

◆ 著　　　葛存山
责任编辑　赵　轩
责任印制　张佳莹　焦志炜

◆ 人民邮电出版社出版发行　北京市丰台区成寿寺路 11 号
邮编　100164　电子邮件　315@ptpress.com.cn
网址　http://www.ptpress.com.cn
固安县铭成印刷有限公司印刷

◆ 开本：720×960　1/16
印张：16.25
字数：264 千字　2016 年 2 月第 1 版
印数：5 101－5 600 册　2017 年 9 月河北第 7 次印刷

定价：39.00 元

读者服务热线：(010)81055410　印装质量热线：(010)81055316
反盗版热线：(010)81055315

前言

中国互联网络信息中心第36次《中国互联网络发展状况统计报告》显示，截至2015年6月，我国网民规模达6.68亿人。近几年，我国网络购物市场交易规模飞速增长，已由2011年的7845.3亿元增长至2014年的28145.1亿元。2015年上半年中国网络零售市场交易规模达16140亿元，同比增长48.7%；网络零售市场交易规模占到社会消费品零售总额的11.4%。

电子商务对我们的影响也已经显而易见，2015年以来，在“互联网+”浪潮的驱动下，电子商务让众多的创业者看到了新的商机，并已成为中国互联网的经济命脉，是无数媒体热情赞颂的焦点话题，被冠以了无数闪耀的光环。随着网民人群的不断增加、网上购物市场份额的不断扩大、新兴模式的不断涌现，数万亿元的市场蛋糕，吸引了数以百万的创业者和投资者！

本书主要内容

虽然目前图书市场上也出现了一批介绍电商的书籍，但是，目前还没有一本讲述电商方方面面的书。本书作为一本电商开店创业的全程指南，从电子商务基础理论讲起，总结了很多电商创业者在实际经营中遇到的问题。

本书共10章，主要内容包括电商创业起步、电子商务基础、快速发展的农村电商、注册淘宝开启电商之路、淘宝网店日常运营管理、网店推广方式、微信电商这样卖产品、开设微店随时随地做生意、店铺装修中的视觉营销、做大做强电商品牌。

本书适合读者

本书适合想从事电商创业的初学者，包括在校学生、求兼职的人员、自由职业者、店主等想在网络中寻求商机的人。

本书由经验丰富的电子商务专家编写，同时也得到了众多网络店主的支持，在此表示衷心的感谢。本书参加编写和整理素材的还有晁辉、王方、孙文记、孙良营、周泉、张亚、吴秀红、何立、何新起、葛伟、孙雷杰、乔海丽、何本军、何海娟、邓仰伟、何香连、杨丽丽、邓莹莹等。由于作者水平所限，书中可能还存在疏漏和不足之处，欢迎读者朋友不吝赐教。

目录

第 1 章　电商创业起步 …………… 1

1.1　电商创业者需要具备的素质 …………… 2
　1.1.1　创业的心态 …………… 2
　1.1.2　电商创业者必备的能力 …………… 5

1.2　创业者应具备的条件与经验 …………… 7
　1.2.1　电商创业必备的硬件条件 …………… 7
　1.2.2　电商创业必备的软件条件 …………… 8
　1.2.3　商业知识多多益善 …………… 10

1.3　选择创业的行业 …………… 12
　1.3.1　开店前要做好调查分析，预测市场前景 …………… 12
　1.3.2　从最熟悉的行业做起 …………… 15
　1.3.3　投资前进行理性的市场分析 …………… 16
　1.3.4　开一家适合你自身发展的店铺 …………… 18

第 2 章　电子商务基础 …………… 19

2.1　电子商务的发展历史 …………… 20
　2.1.1　什么是电子商务 …………… 20
　2.1.2　电子商务的特点和运用 …………… 20
　2.1.3　电子商务的火爆发展 …………… 22

2.2　B2B 电子商务模式 …………… 24
　2.2.1　什么是 B2B 电子商务模式 …………… 24
　2.2.2　B2B 电子商务模式的优势 …………… 24

2.3　B2C 电子商务模式 …………… 25
　2.3.1　B2C 电子商务 …………… 25
　2.3.2　B2C 电子商务类型 …………… 26

2.4　C2C 电子商务模式 …………… 27
　2.4.1　C2C 电子商务模式 …………… 27
　2.4.2　C2C 电子商务是怎样交易的 …………… 28

2.5　O2O 电子商务模式 …………… 29

2.6　常见电商平台 …………… 30
　2.6.1　淘宝网 …………… 30
　2.6.2　当当网 …………… 31
　2.6.3　京东商城 …………… 32
　2.6.4　苏宁易购 …………… 32
　2.6.5　阿里巴巴 …………… 33
　2.6.6　腾讯拍拍网 …………… 34

2.7　电子商务运营的关键点 …………… 35
　2.7.1　访问量 …………… 35
　2.7.2　转化率 …………… 35
　2.7.3　客单价 …………… 37

第 3 章　快速发展的农村电商 …………… 41

3.1　农村电子商务 …………… 42
　3.1.1　农村电子商务发展政策建议 …………… 42

3.1.2 农产品电子商务有哪些模式… 43
3.1.3 农产品电商 F2O 模式……… 46

3.2 我国农产品电子商务背景……………47
3.2.1 农产品电子商务站上风口 … 47
3.2.2 农产品电子商务的蓬勃发展… 47
3.2.3 政府对农产品电子商务愈发重视 ……………………… 48

3.3 农产品电子商务发展现状……………49
3.3.1 我国农产品网商发展概况 … 49
3.3.2 农产品电子商务交易情况 … 49

3.4 “淘宝村”的“互联网 +”之路……50
3.4.1 什么是淘宝村 ……………… 50
3.4.2 淘宝村为何爆发 …………… 51
3.4.3 从淘宝村到淘宝镇 ………… 52
3.4.4 国内淘宝村 ………………… 53

第 4 章 注册淘宝开启电商之路……………………65

4.1 注册为淘宝网会员……………………66
4.1.1 注册淘宝网会员 …………… 66
4.1.2 登录淘宝网 ………………… 68

4.2 申请网上银行并为支付宝充值………69
4.2.1 申请网上银行业务 ………… 70
4.2.2 往支付宝中充值 …………… 71
4.2.3 查询支付宝账户余额 ……… 73
4.2.4 了解余额宝 ………………… 74

4.3 设置淘宝会员及支付宝账户密码……75
4.3.1 修改淘宝会员密码 ………… 76
4.3.2 修改支付宝密码 …………… 79

第 5 章 淘宝网店日常运营管理…83

5.1 商品资料的学习 ……………………84
5.1.1 商品规格 …………………… 84
5.1.2 商品特性 …………………… 87
5.1.3 使用安装方法 ……………… 87

5.2 商品发布………………………………88
5.2.1 商品发布流程 ……………… 88
5.2.2 商品名称 …………………… 92
5.2.3 商品图片 …………………… 93
5.2.4 商品描述 …………………… 94
5.2.5 其他信息 …………………… 97

5.3 店铺设置………………………………98
5.3.1 基本设置 …………………… 99
5.3.2 宝贝管理 …………………… 100

5.4 网店日常管理 ………………………102
5.4.1 交易管理 …………………… 102
5.4.2 评价管理 …………………… 105
5.4.3 纠纷管理 …………………… 107

第 6 章 网店推广方式 ………109

6.1 网店营销策略分析 …………………110
6.2 运用免费网络资源推广 ……………110
6.2.1 注册搜索引擎 ……………… 111
6.2.2 登录导航网站 ……………… 112
6.2.3 QQ 推广 …………………… 112
6.2.4 博客推广 …………………… 114

6.2.5 网络团购推广 …………………… 119
6.2.6 电子邮件推广 …………………… 121
6.2.7 交换友情链接 …………………… 123
6.2.8 论坛宣传 ………………………… 123
6.2.9 在分类信息网站推广 ………… 124
6.2.10 信用评价 …………………… 124
6.2.11 微信推广引流量打造爆款 … 125
6.2.12 千牛推广 …………………… 127
6.2.13 微博推广 …………………… 129

6.3 在淘宝网店平台上宣传与推广 ……… 132
6.3.1 在淘宝社区中推广 …………… 132
6.3.2 加入商盟 ………………………… 133
6.3.3. 设置 VIP 会员卡 …………… 135
6.3.4 参加秒杀活动 ………………… 137

6.4 利用传统媒介推广 ……………………… 140
6.4.1 印刷并散发广告传单 ………… 141
6.4.2 多参与活动，派发名片 …… 141

6.5 钻石展位吸引百万流量 …………………141
6.5.1 钻石展位介绍 ………………… 141
6.5.2 钻石展位展现在哪里 ………… 142
6.5.3 订购钻石展位 ………………… 144
6.5.4 决定钻石展位效果好坏的因素 …………………………… 146

6.6 使用直通车疯狂推广 ………………… 147
6.6.1 什么是直通车 ………………… 148
6.6.2 直通车的优势 ………………… 148
6.6.3 开通直通车账户 …………… 148

第 7 章 微信电商卖土特产 … 151

7.1 微信电商的基本原则…………………… 152
7.1.1 以用户为中心原则 ………… 152
7.1.2 免费粉丝流量原则 ………… 152

7.2 微信朋友圈……………………………… 153
7.2.1 朋友圈界面 …………………… 153
7.2.2 朋友圈发布信息 …………… 154
7.2.3 朋友圈的营销布局 ………… 156
7.2.4 朋友圈的营销技巧 ………… 156
7.2.5 朋友圈植入广告的方法 …… 158
7.2.6 朋友圈里的农产品经纪人 ……………………… 160

7.3 O2O 的营销模式……………………… 160
7.3.1 什么是 O2O 营销模式 …… 160
7.3.2 O2O 营销模式的优势……… 162
7.3.3 玩转农产品 O2O…………… 163

7.4 线上活动式营销……………………… 164
7.4.1 线上活动式营销的含义 …… 164
7.4.2 利用微信活动式营销卖菜案例 ………………………… 165

7.5 二维码营销……………………………… 167
7.5.1 什么是二维码线营销 ……… 167
7.5.2 农产品二维码营销 ………… 168

7.6 互动式营销……………………………… 169

第 8 章 开设微店随时随地做生意 …………………… 171

8.1 下载安装微店………………………… 172

8.2 微店注册 …… 173
8.3 快速了解微店 …… 175
8.4 设置店铺图标、店铺名称、微信号、店铺公告 …… 179
8.5 怎样开通担保交易 …… 181
8.6 在微店发布商品 …… 182
8.6.1 商品图片 …… 184
8.6.2 商品描述 …… 184
8.6.3 商品价格和库存 …… 184
8.6.4 商品型号 …… 185
8.7 微店网页版对商品分类 …… 186
8.8 推广自己的微店 …… 190
8.8.1 限时折扣 …… 190
8.8.2 私密优惠 …… 192
8.8.3 友情店铺 …… 194
8.8.4 分成推广 …… 195
8.8.5 口袋直通车 …… 197
8.9 开“微店”拓宽农产品销路 …… 198

第 9 章 店铺“装修”中的视觉营销 …… 201

9.1 网店装修的重要性 …… 202
9.2 店铺装修的误区 …… 203
9.3 用好色彩抓住您的客户 …… 206
9.4 宝贝标题优化 …… 208
9.4.1 宝贝标题的结构和规则 …… 208
9.4.2 在标题中突出卖点的技巧 …… 210
9.5 视觉中的图片应用 …… 211
9.5.1 商品图片的重要性 …… 211
9.5.2 商品图片的诚信原则 …… 212
9.5.3 细节决定成败 …… 213
9.5.4 商品实际尺寸 …… 213
9.5.5 广告图设计 …… 214
9.6 文案策划 …… 215
9.6.1 店铺首页文案 …… 215
9.6.2 店招文案 …… 217
9.6.3 文案的推销语言 …… 217
9.6.4 文字清晰易读 …… 217
9.7 热销商品页面文案 …… 218
9.7.1 营造良好的氛围 …… 218
9.7.2 页面要生动有趣 …… 219
9.7.3 引导顾客购买搭配商品 …… 220
9.7.4 商品信息介绍准确详细 …… 221
9.7.5 购买者的评价 …… 223

第 10 章 将电商品牌做大做强 …… 225

10.1 招聘客服人员策略 …… 226
10.1.1 客服人员对店铺发展的影响 …… 226
10.1.2 怎样做好客服人员的招聘工作 …… 226
10.2 网店客服的基本工作流程 …… 227
10.3 老板的管理策略 …… 229
10.3.1 弃人之短，用人之长 …… 229
10.3.2 对待员工恩威并重 …… 231

10.3.3 委婉含蓄地批评员工 …… 232
10.3.4 客服提升客户体验的技巧 … 233
10.3.5 怎样调动员工的积极性 … 235

10.4 绩效考核 …………………………………237
10.4.1 绩效考核的原则 ………… 237
10.4.2 客服绩效考核注意事项 … 239
10.4.3 如何考核淘宝网店客服 … 239
10.4.4 客服工作考核表 ………… 240

10.5 如何提高电商利润 …………………… 241
10.5.1 投资预算分析 …………… 241
10.5.2 提高店铺的营业额 ……… 242
10.5.3 实现目标利润 …………… 243
10.5.4 加强现金管理 …………… 244

10.6 解决融资困局 ……………………………245
10.6.1 创业前都需要做哪些资金准备 ……………………… 246
10.6.2 利用阿里巴巴小额贷款解决淘宝店铺融资 ……… 246
10.6.3 如何利用人脉筹到创业资金 ……………………… 248
10.6.4 怎样向家庭或朋友筹集资金 ……………………… 248
10.6.5 争取政策性扶持资金 …… 249

第 1 章

电商创业起步

以淘宝网为代表的电子商务平台正在成为越来越多普通创业者选择的起步方式。开网店是免费的，这可以很有效地节省成本。但要想在电商行业中脱颖而出，就没那么容易了。创业者需要具备一些素质、知识与经验才能创业成功。

1.1 电商创业者需要具备的素质

创业是对一个人的社交能力、判断能力、创新意识、进取意识和心理素质的一种全方位的考验和挑战。那么电商创业者需要具备哪些素质呢?

1.1.1 创业的心态

心态是决定创业者成败的决定性因素，对于诸多的互联网创业者尤其如此。好的心态不仅是事业腾飞的保证，更是人生境界提升的重要基础。作为一名创业者，我们该如何以良好的心态去创业呢?

1. 坚持的心态

90%以上的人不能成功，为什么？因为不能坚持。坚持的心态是在遇到坎坷的时候反映出来的，而不是顺利的时候。信念是我们的立足之本，只有坚定信念，才能赋予创业者激情，缺乏信念只会让人前功尽弃，以失败而告终，因为没有信念的人不具备持久的耐力，遇到一点困难就会后退，没有了前进的勇气。

2. 积极的心态

事物永远是正反两面，拥有积极心态的人看到的永远是事物好的一面，而消极的人只看到不好的一面。积极的心态能把坏的事情变好，消极的心态能把好的事情变坏。创业中的自信积极心态更为重要，相信自己的能力，对未来充满信心，不指望依靠他人获得一条捷径，在困境中自强不息，自己主宰自己的命运。

3. 谦虚的心态

谦虚是一种美德，也是一种修养。虚心使人进步，骄傲使人落后。谦虚者可以包容、善待别人，学习和吸取别人有益的经验和知识，从而提高自己，避免浅薄无知。

4. 付出的心态

舍就是付出，付出的心态是老板心态。是为自己做事的心态，要懂得舍得的关系。

舍的本身就是得，小舍小得，大舍大得，不舍不得。不愿付出的人，总是省钱、省力、省事，最后把成功也省了。

5. 学习的心态

学习在创业中是广义的，学习内容包括理财、技能、管理、决策和营等多方面。尤其在知识经济时代，知识更新的周期越来越短，过时的知识等于废料。只有不断学习，才能不断摄取能量，才能适应社会的发展而生存下来。要善于思考、善于分析、善于整合，只有这样才能创新。

6. 诚信的心态

诚信是一种美德，是一种情操，在商业时代，诚信尤其值得提倡。用道德的标准树立诚信的美德，尊重别人同样也会获得别人的尊重。以诚而立、以德而服人、把持有度，方能在商海的起伏中奠定根基。

7. 合作的心态

成功就是把积极的人组织在一起做事情。记住，任何时候你都不是孤立的，不要以为自己优秀就拒绝与人合作，一个人的能力因素固然重要，但更应该明白团队之间的合作精神更加重要。一个优秀的创业者，不会断然轻视团队的作用，相反会注重团队的协调发展，懂得借势造势，懂得彼此之间的双赢模式，懂得互助发展才能立于不败之地。

8. 感恩的心态

感恩周围的一切，包括坎坷、困难和竞争对手。事业之所以成功、项目之所以进展，都需要自己感谢某些人，包括自己。他们在过去可以帮助你，在以后同样也可能帮助你。感恩是中华民族传统的美德，只有懂得感恩的人才是富足的人。我们一定要有感恩的心态。

9. 成功的心态

为之付出努力的事情不一定成功，但是如果不努力，事情一定不能成功。成功的心态不仅仅指对胜利的渴望，它是证明自身价值和团队价值的一种积极的心态。成功不是事情的结果，而是在这个过程中不断超越自我，不断学习和思考的过程，它是激励我们持之以恒的必备心理。

10. 细节的心态

细节决定成败，在互联网时代更是如此。瞬息万变的网络让人神往，也因为它的快速改变而让人望而却步。从前期的市场考察、项目调研，到发展中的市场推广、店铺运营，直至后来的赢收模式，在这个过程中要求创业者注意到每一个可能的细节。细节还体现在这个过程中的方方面面，如产品细节、用户关系细节、团队管理细节，无处不在的细节要求我们学会全盘地看待问题。

11. 积累的心态

我们不和别人竞争现在的店铺大小，那是我们无法更改的，但是我们可以通过积累，让自己时时进步。积累自己的资源，积累自身的社会价值，积累自己的信用，积累自己不断战胜困难挫折的心理。面对强劲的对手时，我们不害怕，通过积累，在成长中战胜对手。

创业中的实践是对经验的最好积累，在实践中我们才能发现自己存在的不足，才能明白我们在哪些方面还需要改进和学习。而进取则是一种精神，不畏艰险、不惧成败，选择一条道路就有恒心进行到底。

12. 快乐的心态

享受创业带给自己的快乐，这是每名创业者最大的乐趣。我们快乐地面对成功和失败，无论什么只要有明天，我们就要微笑着。让自己快乐，让身边的人快乐，让你的用户快乐，这样你不成功也难。

13. 自省的心态

人最难面对的是自己。当团队或者项目出现问题的时候，先问问自己，在放松或交流中找到事情的症结。

14. 责任的心态

选择创业就预示着你放弃了一些东西，时间是最大的成本，对自己负责的人才可能有大的成就。不管你是为谁在创业或工作，你都必须有一种强烈的责任感，对自己负责，对他人负责，对工作负责。

15. 思考的心态

我们需要时时的思考，当初选择的方向是不是错的，我们不应该执着于当初的计划；因为市场、竞争对手、用户、自身条件的变幻，我们总是需要不停地思考，在思考中不断明晰自己的道路。

16. 真实的心态

自己给自己制订的计划，一定要按时完成。很多人开始创业的时候，总是规划了很多，等到不能实现的时候再给自己找些客观、主观的理由面对自己。

当我们选择了创业，当我们选择了互联网这个激情而万变的行业，就决定了我们要不同于常人，我们要不断提高和修正自己面对事业的心态。好的心态是我们成功的基石，好好把握。

1.1.2 电商创业者必备的能力

创业是极具挑战性的社会活动，是对创业者自身智慧、能力、气魄、胆识的全方位考验。创业者要想获得成功，必须具备以下基本的能力。

1. 强烈的欲望

“欲”，实际就是一种生活目标，一种人生理想。创业者的欲望与普通人欲望的不同之处在于，他们的欲望往往超出他们的现实，需要打破他们现在的立足点，才能够实现。

所以，创业者的欲望往往伴随着行动力和牺牲精神。这不是普通人能够做得到的。

2. 拥有过硬的自制能力

自制，就是要克服欲望，不要因为有点压力就心里浮躁，遇到一点不称心的事就大发脾气。

人最难战胜的是自己，这话的含义是说，一个人成功的最大障碍不是来自于外界，而是自身。只有控制住自己，才能控制住压力，让压力在你面前屈服。

3. 超乎想象的忍耐力

在创业的道路上，付出怎样的代价，付出怎样的努力，忍受了多少别人不能够忍受的痛苦甚至是屈辱，这种心情只有创业过的人最清楚。对一般人来说，忍耐是一种美德，对创业者来说，忍耐却是必须具备的品格。

4. 应变能力

顺应时势、善于变化，及时调整自己的方案，这是成大事者适应现实的一种方法。如果没有和别人打交道的高超技巧，没有把各种情况都考虑周全的头脑，灵活应变的手段，就根本无法驾驭大的局面，这种人将很难成大事。

5. 开阔的眼界

对于创业者来说，只有真正见多识广、开阔眼界，才能有效地拉近自己与成功的距离，在创业途中少走弯路。

6. 谋略

创业者的智谋，将在很大程度上决定其创业成败。尤其是在目前产品日益同质化、市场有限、竞争激烈的情况下，创业者不但要能够守正，更要有能力出奇。

7. 自信心

自信心充足者的适应能力就高，反之则适应能力较低。做事成功的经验越多，那么自信心就越强。自我成功锻炼的机会越少，自信心就越弱，以致产生严重的自卑情绪。

8. 胆量

创业本身就是一项冒险活动。要有胆量、敢下注，想赢也敢输，创业是最需要强大心理承受能力的一项活动。

9. 快速接受新事物

互联网行业是一个充满变数、随时随地都会产生变革的行业。作为一个互联网人，就需要随时准备拥抱变化和接受新事物。

总之，在互联网行业，要想做好，就要时刻对新科技和新产品具有强烈的好奇心和敏感度。如最近流行的智能设备等。如果你想能够觅得发达的良机，就一定要时刻关注，并尽快搞懂到底这是什么东西，并判断是否有价值，从而迅速杀入。

10. 学习能力

学习能力也是必备的。互联网行业是一个复杂和交叉的行业，有时候除了专业能力，还需要你具备多种能力。特别是作为一个互联网创业者，就更需要有跨界的思维。

11. 充沛的精力

通常成功的创业者，都具有非常充沛的精力。毋庸置疑，互联网行业是一个体力和脑力都有巨大消耗的职业。起早贪黑，加班更是常态，这就需要互联网创业者具有充沛的精力，才能扛过疲惫，从容面对变化的行业，从而获得更大的发展。

1.2 创业者应具备的条件与经验

一个想拥有事业的人，只要用心体会大众的需求，就有机会创业。虽然如此，创业还是要具备一些知识与经验的。

1.2.1 电商创业必备的硬件条件

尽管网上开店投资少，操作简单，但是也需要具备一些最基本的条件。网上开店需要的硬件主要有以下设备。

基本要求：办公场所，台式电脑或笔记本电脑，便捷的网络，数码相机，手机，固定电话，传真机，打印机，以及产品相关设施。

- 方便客户联系的手机和固定电话。谁都不想因为电话不畅导致潜在客户的流失。

- 收发合同的传真机。当有很多客户和你签订合同时，传真机就可以大显神通了，而且这也是法律方面的保证。另外，很多资料的收发也离不开传真机。所以传真机也是很重要的一种装备。

- 打印机。有些电子文本资料是需要书面保存的，因此打印机就是必需品了。

- 方便工作的笔记本电脑。笔记本电脑对网上开店的专业卖家而言非常必要，特别是那些需要经常和客户、厂家打交道的创业者。利用笔记本，可以随时关注网上商店的信息，保证及时地维护与客户的关系；可以随时随地的处理与厂家的相关事宜，保证货源畅通、货物准时。笔记本电脑如图 1-1 所示。

以上是一些网上开店的基础硬件设备，因为网上开店的经营策略有很多种，所以根据不同的经营策略和资金投入，我们也可以选择其中的某几个设备进行组合。

图 1-1 笔记本电脑

1.2.2 电商创业必备的软件条件

开网店需要具备一些专业知识。

网上开店有很多软件方面的要求，有些非常专业复杂，下面把一些简单的常用的软件列出来，便于卖家根据自己的经营策略等，进行取舍。

1. 聊天软件

聊天软件非常重要，在网上开店，打字聊天是最好的联系方式，很多生意就是在手指敲击键盘的时候谈成的。当然，打字要熟练，用语也要得当，否则客户会认为你不认真。

与客户沟通时，可以使用交易平台提供的沟通软件，使用“千牛”软件与客户交流，如图 1-2 所示。

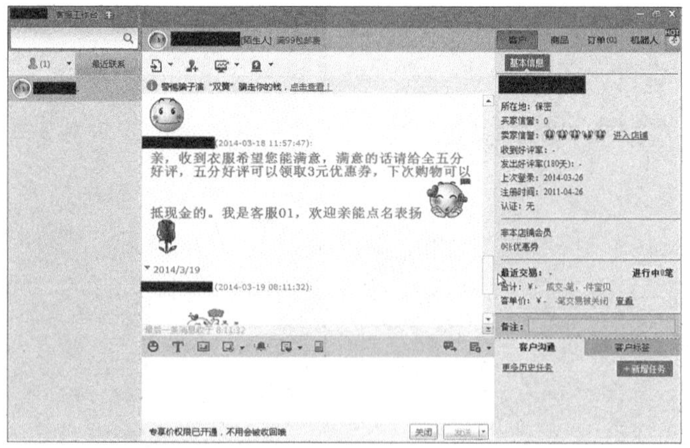

图 1-2 使用“千牛”软件与客户交流

2. 文字编辑软件

在各种文档编辑制作软件中，Word 是目前通用的、流行的工具，主要用于编排文档，编辑和发送电子邮件，编辑和处理网页等。学会 Word 的基本操作后，就可以很方便地编写合同，编写自己的网站文案。文案的好坏对网上销售有很大的影响。所以一定要尽可能把文案写好。

3. 作图软件

网上开店除了需要很好的文案编写外，另外一个非常重要的部分就是要有精美的页面和宣传图片，因为客户主要是通过图片来浏览产品的，效果差或是不够美观的图片都会使客户流失。因此是否能做出漂亮的商品图片，对网上开店来说也是一个至关重要的因素。现在的修图软件很多，尽管一些简单的修图软件就可以满足最初的需要，但为了更好的发展，还是建议学习 Photoshop。Photoshop 是 Adobe 公司推出的图像处理软件，被人们称作图像处理大师。Photoshop 是目前应用最为广泛的图形图像软件之一，它的功能十分强大，是一款比较优秀的图像处理软件，学习也比较容易。用 Photoshop 制作的网店图片如图 1-3 所示。

图 1-3 用 Photoshop 制作的网店图片

4. 基本的网站设计软件

在拥有了自己的网上商城后，还需要学习一些网站相关的设计软件，这样可以多加了解网上商城的建设原理，而且还可以为自己的商城设计几个漂亮的宣传广告页面。通常，在一个大型的网上商城添加一些漂亮的广告页面，效果会更好。

开网店时需要用到的基本的网站设计软件主要有 FrontPage 和 Dreamweaver，前者比较适合初学者学习，而后者是专门的网页设计软件，与前者相比，后者更加专业。

1.2.3 商业知识多多益善

作为一名创业者，应尽可能多地了解以下基本商业知识。

1. 合法的开业知识

（1）有关私营及合伙企业、有限公司的法律法规。

（2）怎样进行验资。

（3）怎样申请开业登记。

（4）哪些行业不允许私营。

（5）哪些行业的经营须办理有关行业管理手续。

（6）怎样办理税务登记。

（7）纳税申报有哪些规定和程序。

（8）如何领购和使用发票。

（9）银行开户程序和有关结算规定。

（10）成为一般纳税人有哪些条件。

（11）你应该缴哪些税费，如何缴纳。

（12）怎样获得税收减征免征待遇。

（13）怎样进行账务票证管理。

（14）国家对偷税、漏税等违法行为有哪些制裁措施。

（15）增值税率及计征方法。

（16）工商管理部门怎样进行经济检查。

（17）行业管理部门如何进行行业管理和检查。

2. 营销知识

（1）市场预测与调查知识。

（2）消费心理、特点和特征知识。

（3）定价知识和策略。

（4）产品知识。

（5）销售渠道和方式知识。

（6）营销管理知识。

3. 货物知识

（1）批发、零售知识。

（2）货物种类、质量和有关计量知识。

（3）货物运输知识。

（4）货物保管贮存知识。

（5）真假货物识别知识。

4. 资金及财务知识

（1）货币金融知识。

（2）信用及资金筹措知识。

（3）资金核算及记账知识。

（4）证券、信托及投资知识。

（5）财务会计基本知识。

（6）外汇知识。

5. 服务行业知识

（1）服务行业管理的法律法规。

（2）各专业服务行业的行业规则、业务知识。

对淘宝创业者来说，上述知识不需要全部都掌握。上述知识的取得，可以通过专业培训、就业指导咨询、广播电视媒体讲座、自学或向别人请教等多种方式获得。可以边学边干，带着问题学，学以致用，逐渐了解和掌握这些知识。

1.3 选择创业的行业

经过市场调查后，尽量选择自己熟悉的行业和已掌握了相关知识的行业投资，要充分发挥自己所掌握的知识和技能。

1.3.1 开店前要做好调查分析，预测市场前景

“市场预测不可少，盲目经营不得了”，这是生意人常说的一句话，是传统经商开店的经验之谈，意在强调开店离不开市场预测。网上开店也应在前期做好市场前景的预测。

市场预测通常是指通过各种手段获取大量信息，经过研究分析，预测在未来的一段时间内，市场需求与供应的变化及趋势，将生意做大、做活。通过市场预测可以掌握未来市场环境及其他条件的变化；可以更好地组织货源、扩展业务、满足市场需求；可以改善经营管理，提高经济效益。

正确的市场预测是建立在科学的调查分析与理性的思考之上的，要想使预测结果精确无误，一般需要从以下几方面去把握。

1. 关注当前社会的热点

社会在不断向前发展，新的热点层出不穷。只要细心观察，就不难发现周围存在着许多热点和公众话题。例如 2014 年，世界杯等热点话题不断涌现，淘宝上随即出现了很多与世界杯有关的商品，如图 1-4 所示。除此之外，自己生活的城市

中也会出现诸多热点，如举办绘画展览、唱歌比赛、旅游节等。这些热点在精明的商人眼中，无不蕴含着商机，都可以作为赚钱的题材和项目。牢牢抓住热点，把握题材，别具匠心就有机会赚大钱。

图 1-4 与世界杯有关的商品

2. 研究别人在干什么

如果既缺乏创业资金，又欠缺经商经验，不妨研究一下别人在干什么，追随大流也不失为一种很好的选择。看到市场上什么商品热卖，什么买卖好做，然后就可以投入这个行业中。不过，别人能赚到钱，并不见得你做就能赚钱，关键要掌握入门的诀窍。因此不妨先研究成功者的创业经验，向成功的创业者学习请教，学习他们经营的特点，摸清做生意的相关门道，积累必要的经验。

3. 注意生活节奏的变化

随着生活节奏的不断加快，许多人心目中都有“时间就是生命”的价值理念。聪明的生意人则会注意到这一点，做起多种多样的、适合人们快节奏生活需求的生意。例如在穿衣打扮方面，由于生活节奏的加快，人们逐渐喜欢休闲、自然、舒适的服装，也可以去尝试；在出行方面，拥有私家车对很大一部分人来说已经成为现实，围绕交通和汽车用品市场做生意，前景也会十分广阔。如图 1-5 所示的汽车饰品店，目前已经达到三皇冠级信誉，店里与汽车有关的用品 8000 多个，种类非常多，包括清洁养护、外部饰品、内部饰品、汽车电器等，网店的销售额也是非常客观的。

图 1-5 汽车饰品店

4. 观察人们生活方式的变化

随着人们物质生活水平的提高，自然要求精神文化生活也要相应地提高，于是便可以向人们提供一些丰富典雅的文化产品以及相关服务。其次，随着近年来的旅游热，若为旅客提供方便实惠的旅游产品前景也会很广阔。如图 1-6 所示的“humbgo 运动户外旗舰店”是一家与旅游有关的户外用品店。

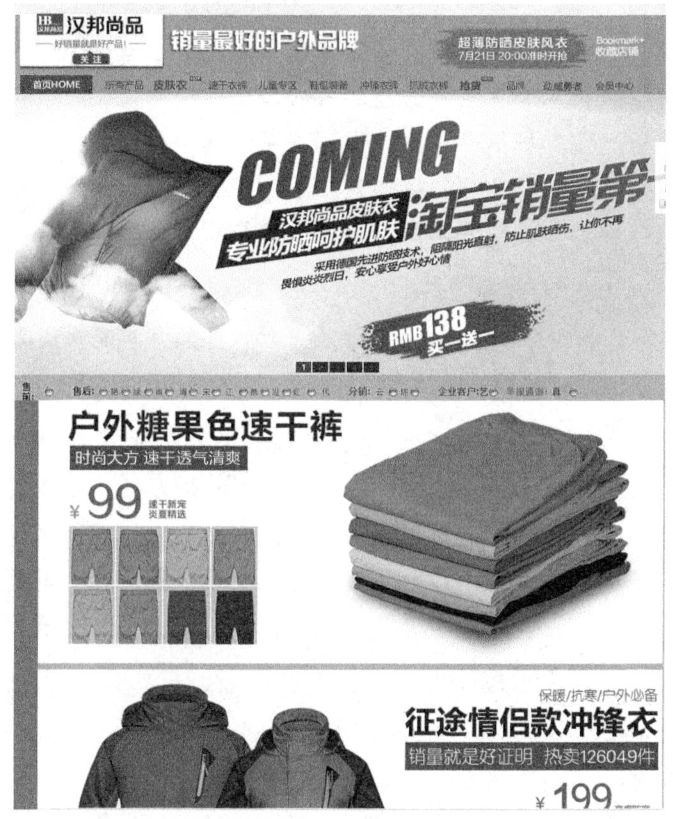

图 1-6 户外用品店

细致、缜密地做好市场调查是投资成功的关键。创业之初，要做好市场调查，切忌人云亦云，不能好高骛远。对市场要有充分的了解，这样在网上开店才能有机会赚到钱。

1.3.2 从最熟悉的行业做起

从自己最熟悉的行业开始，这样就不用在一个陌生的领域从头学起。没有雄厚财务支撑的网络小店更是经不起外行的折腾。著名的奔驰汽车公司是由两家公司合并而成的，这两家的老板分别是本茨和戴姆勒，他们分别制造出了世界上最早的一批汽车，然后在汽车这一领域大显身手，成就了奔驰今天的辉煌。世界首富比尔·盖茨更是在自己熟悉的行业中成功的杰出例证。

无论是久经商场，还是初出茅庐，如果开店要涉足一个自己并不熟悉的领域，一定要慎之又慎，绝对不能盲目开店。另外，还有一种情况，虽然对某个行业不熟悉，但经过一定的研究和学习，很快地掌握这个行业、熟悉这个行业，并且通过客观的市场调查与分析，确信自己不会犯主观性的错误，或者如果自己不懂这个行业，但合作伙伴却是这个行业中的行家，那要涉足这个行业也未尝不可。

但是熟悉了这个行业，并不意味着开店就会成功，因为开店成功还需要许多因素。这一点也需要引起企业者的注意。

究竟开什么店才能帮你赚到钱呢？这并不是凭我们的主观意愿和兴趣来决定的。因此，我们要根据自身的经验、知识与财力，以及社会需求等条件来选择创业目标。当在考虑要在哪个领域发展的时候，首先要考虑的就是你非常熟悉的和最有把握的行业。一般来说，只有在自己熟悉的领域之内开创事业才有可能成功。

从最熟悉、最懂行的行业做起，是开店的最佳选择，千万不要盲目跟风，更不要人云亦云，好高骛远。行行出状元，只要坚持不懈、经营得法，哪一行都可以发大财。

1.3.3 投资前进行理性的市场分析

正所谓“生意做遍，不如开店”。开店是一门学问，前期的市场分析非常关键。在市场竞争日益激烈的当今社会，要像以往那种传统经营一样，仅靠感觉来获取成功根本行不通。在决定开什么店、做什么生意前，先要进行理性的市场分析。市场分析包括以下几个方面。

1. 行业环境分析

分析所经营的业务，开展的服务项目所属行业的发展状况、行业规则及行业管理措施。如从事服装业的，应该了解服装行业的发展趋势，流行色和流行款式，服装技术发展潮流等。“家有家法，行有行规”进入一个新行当，应充分了解和掌握该行业信息，这样，才能有助于尽快实现从“门外汉”到内行的转变。

2. 市场需求分析

如果要经销某类产品，应对这一产品的市场需求量进行分析。通过市场分析，对产品进行市场定位。例如要经销家用电器，应分析一下市场对这种家用电器的需求量，有无相同或相类似的产品，市场占有率是多少，这种产品的网上卖家有多少。

3. 买家情况分析

这些买家可以是店铺原有的客户，也可能是潜在的买家。买家情况分析包括两个方面的内容：一是买家需求分析，例如购买某种产品的买家多数是哪些人，他们希望从中得到哪方面的满足和需求等。二是买家的分类分析。重点了解买家的数量、特点及分布，明确你的目标买家，如果是某类企业和单位的话，应了解这些单位的基本状况，如对某种产品和服务项目的需求程度，购买习惯和特征。如果买家是消费者个人，应了解消费群体种类，即目标买家的大致年龄范围、性别、消费特点、用钱标准、对某种产品和服务项目的需求程度、购买动机、购买心理和使用习惯。掌握这些信息，将会为店铺有针对性开展业务奠定基础。

4. 竞争对手分析

在市场经济条件下，做独家买卖太难了，在你开店前，也许已有人做相同或类似的业务，这些就是竞争对手。也许你开展的业务是全新的，有独到之处，在刚开始经营的时候，没有对手；一旦生意兴旺，马上就会有许多人学习你的业务，竞相加入竞争的行列，这些就是你的潜在对手。“知己知彼，方能百战不殆”，了解竞争对手的情况，包括竞争对手的数量与规模，分布与构成，竞争对手的优缺点及营销策略，做到心中有数，才能在激烈的市场竞争中占据有利位置，有的放矢地采取一些竞争策略，做到“人无我有，人有我优，人优我更优”。

5. 市场销售策略分析

开网店之前应重点分析并了解目前市场上常见的商品促销手段、营销策略和销售方式主要有哪些。例如销售渠道，销售环节，最短进货距离，广告宣传方式和重点，价格策略，有哪些促销手段，有奖销售还是折扣销售，销售方式有哪些，批发还是零售，专卖还是特许经营等。分析这些经营策略是否有效，有哪些不足，将有助于为决策采取什么经营策略提供有力依据。

生意的好坏不仅仅取决于店铺的商品，还与店铺的经营方式、服务、形象、营销方式均有密切关系。开店绝非跟着感觉走就万事大吉了，只有理性和感性合二为一，才有可能成功。总之，切不可仅凭个人的直觉开店，只有做好市场分析才是投资开店获得成功的关键。

1.3.4 开一家适合你自身发展的店铺

开店不是一件小事，不论是开第一家店还是要开一家分店，既然决定了要开店，那就要仔细考虑，开家适合自己经济水平、发展需求的店。这样，就不至于在开店中途因资金不足而使小店夭折，也不会因一时的短视而坐失许多良机。

选择适合自己的行业是开店成功的首要条件。有人开店失败并不是因为生意不好，而是因为选择了不适合自己的店铺。

如果问你到底想开什么店时，你能迅速做出回答吗？如果不能，就需要参考以下的建议。

（1）如果颇具创造力，精通网页技术和图像设计，就可考虑开网店装修、网店设计等店铺。

（2）如果酷爱有品位的物品，精品时装店、手工艺专卖店便可以让你大显身手。

（3）如果你十分爱美，有化妆品销售经验和货源，那么开家化妆品店将是你的首选。

（4）如果你喜欢跟着感觉走，经常处处为人着想，那么宠物用品专卖店、鲜花店正适合你开设。

（5）如果你所在地区有全国其他地方没有的特色产品，那么可以把这些特色产品搬到网店上。

要想开店并不难，关键是找到自己的开店目标，开一家适合自己的店，这样经营起来才能得心应手。

第 2 章

电子商务基础

电子商务的普及给年轻人以更多的工作机会。辞去朝九晚五的枯燥工作，全职开电子商务网店，坐在家中创业，成为越来越多的年轻人的全新选择。可见电子商务的前景是美好的，让我们衷心祝愿网上商店越走越好，“掌柜”们的钱越赚越多！

2.1 电子商务的发展历史

随着电子商务的飞速发展，典型电商企业向三四线城市甚至农村市场的扩张及国际化战略的布局，未来几年，中国电子商务市场仍将保持 30% 左右的复合增长率。

2.1.1 什么是电子商务

随着因特网的迅速发展，电子商务和人们的生活的关系越来越紧密。那么电子商务是什么呢？

所谓电子商务 Electronic Commerce，通常是指是在全球各地广泛的商业贸易活动中，在 Internet 开放的网络环境下，基于浏览器 / 服务器应用方式，买卖双方不见面而进行各种商贸活动，实现消费者的网上购物、商户之间的网上交易和在线电子支付以及各种商务活动、交易活动、金融活动和相关的综合服务活动的一种新型的商业运营模式。如图 2-1 所示为一个 B2C 的电子商务网站的交易流程。

电子商务最重要的是“商务”，而网站只不过是电子商务的后台支撑。网上购物仅仅是电子商务的一小部分，而完整的电子商务过程则是一切利用现代信息技术的商业活动的电子化过程。

电子商务交易过程中人们不再是面对面的、看着实实在在的货物、靠纸介质单据（包括现金）进行买卖交易。而是通过网络，通过网上琳琅满目的商品信息、完善的物流配送系统和方便安全的资金结算系统进行交易。

2.1.2 电子商务的特点和运用

电子商务作为一种行业模式，具有如下特点。

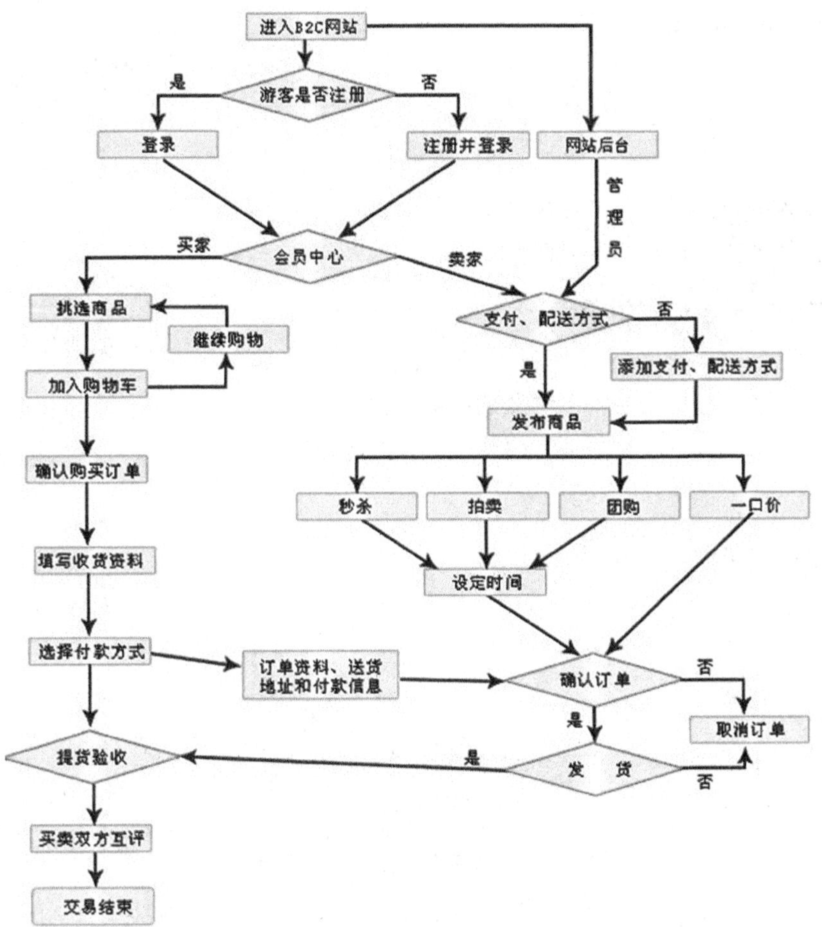

图 2-1 B2C 电子商务网站交易流程

1. 交易环节少、营销成本低

电子商务减少了商品流通的中间环节，节省了大量的开支，从而也大大降低了商品流通和交易的成本。传统商业模式中，企业不得不拿出很大一部分资金用于开拓分销渠道，让出很大一部分利润给各级中间商，客户不得不承担高昂的最终价格。电子商务则打破了这一局限性，它使得厂家和消费者直接联系，绕过了传统商业模式中的中间商，从而使销售价格更加合理。如图 2-2 所示为传统的商业模式。

2. 不受场地区域的限制

人们不受时间的限制，不受空间的限制，不受传统购物的诸多限制，可以随时随地在网上交易。电子商场的经营在“店铺”中摆放多少商品几乎不受任何限制，无论你有多大的商品经营能力均可满足，且经营方式灵活，可以方便地在全世界范围内采购、销售各种商品。

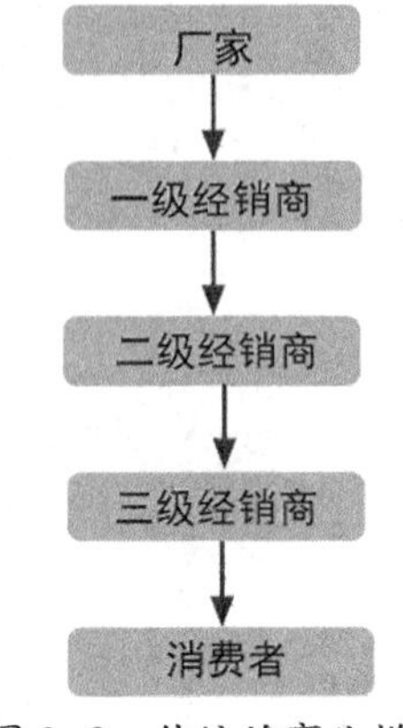

图 2-2 传统的商业模式

3. 简单的电子化支付手段

随着SET标准的推出，各银行金融机构、信用卡发放者、软件厂商纷纷提出了在网上购物后的货款支付办法，有信用卡、电子现金、智能卡、储蓄卡等，可用它方便地购物和从事其他交易活动。

4. 客户信息易于管理

在收到客户订单后，服务器可自动汇集客户信息到数据库中，可对收到的订单和意见进行分析，寻找突破口，引导新商品的生产、销售和消费。

5. 符合全球经济发展要求

如今人们越来越追求时尚、讲究个性，注重购物的环境，网上购物更能体现个性化的购物过程。

电子商务生来具有的“全球性”特征使得各发达国家对其十分重视，网络的跨国界及触角的广泛，使得网上交易将打破原有国界的贸易壁垒，谁主导了电子商务，谁就在这个大商务环境中具有霸权。

2.1.3 电子商务的火爆发展

中国互联网络信息中心（CNNIC）第36次《中国互联网络发展状况统计报告》显示，截至2015年6月，我国网民规模达6.68亿，互联网普及率为48.8%。它显示出中国信息化的高速发展。

经济和互联网的快速发展、使得人们的生活节奏也随之加快。现代大都市拥挤的交通和日趋繁多的店面，增加了购物时间和精力的耗费。因此社会迫切需要一种新的、快捷、方便的购物方式和服务。在这种情况下，电子商务便应运而生了。

“互联网 +”相关政策的支持，促进网络购物快速发展，带动其他行业升级转型。2015 年 3 月，政府在工作报告中提出“互联网 +”概念，旨在通过互联网带动传统产业发展，而网络购物作为“互联网 +”切入口，能够带动传统零售、物流快递、交通、生产制造等其他行业升级转型。

随着网民购物习惯的日益养成，网络购物相关规范的逐步建立及网络购物环境的日渐改善，中国网络购物市场将开始逐渐进入成熟期，未来几年，网络购物市场增速将趋稳。同时，随着传统企业大规模进入电商行业，中国西部省份及中东部三四线城市的网络购物潜力也将得到进一步开发，加上移动互联网的发展促使移动网络购物日益便捷，中国网络购物市场整体还将保持相对较快增长，预计 2016-2017 年中国网络购物市场交易规模将达到 40000 亿元，如图 2-3 所示为中国网络购物市场规模估计。

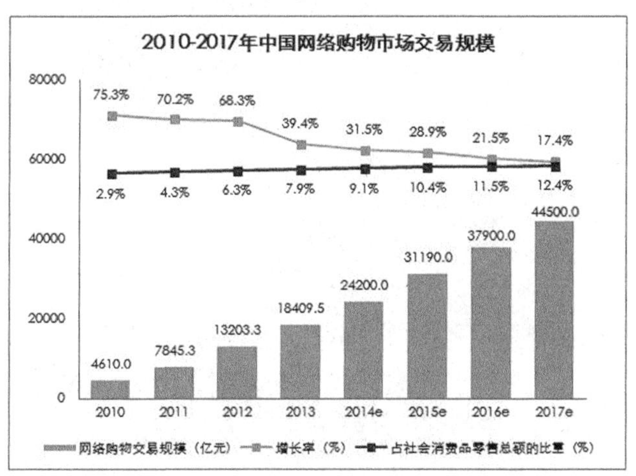

图 2-3 中国网络购物市场规模估计

电子商务的普及，给年轻人以更多的工作机会。辞去朝九晚五的枯燥工作，全职在网站开网店，捧杯咖啡，坐在家中创业，成为越来越多的年轻人的全新选择。“今天我们是人们眼中的‘另类’，明天我们将是都市白领的主流！”。

2.2 B2B 电子商务模式

电子商务模式是指企业运用互联网开展经营取得营业收入的基本方式，也就是指在网络环境中基于一定技术基础的商务运作方式和盈利模式。目前，常见的电子商务模式主要有 B2B、B2C、C2C、O2O 等几种。

2.2.1 什么是 B2B 电子商务模式

B2B（Business to Business），是指商家与商家建立的商业关系。商家们建立商业伙伴的关系是希望通过大家所提供的东西来形成一个互补的发展机会，大家的生意都可以有利润。例如阿里巴巴和慧聪网就是典型的 B2B 电子商务网站。如图 2-4 所示为慧聪网。

图 2-4 慧聪网

目前，国内 B2B 网站发展大体走两种路线，一种是以阿里巴巴领头的综合性 B2B 平台，另一种就是垂直类 B2B 平台，如中国服装网、全球五金网、环球塑化网、华强电子网、中国鞋网、中国化工网等。

2.2.2 B2B 电子商务模式的优势

B2B 电子商务模式主要有降低采购成本、降低库存成本、节省周转时间、扩大市场机会等优势。

（1）电子商务能够提高商务活动效率，伴着电子商务的应用，传统消费企业的商务运作效率能够大幅度提高。

（2）电子商务能够降低交易成本，对于一般的企业来说，电子商务应用的一个重要领域是通过互联网进行广告宣传及市场调查，构筑遍及全球的营销网络，建立起无中介的销售渠道。

（3）电子商务能够降低周转与管理成本，传统商务活动是由多个中间环节组成的供应链完成的，这些中间环节必然要耗费大量的物质资源，而电子商务可以缩短供应链的长度，减少中间环节与周转，节省物质资源的损耗。

2.3　B2C 电子商务模式

B2C 电子商务作为互联网市场的重要组成部分，为消费者开拓了新的购物渠道。

2.3.1　B2C 电子商务

商家对消费者模式（简称 B2C），即企业通过互联网为消费者提供一个新型的购物环境——网上商店，消费者通过网络在网上购物、在网上支付。B2C 的典型有亚马逊网上商店、唯品会、聚美优品、京东商城、当当网等。如图 2-5 所示为唯品会。

图 2-5　唯品会

2.3.2 B2C 电子商务类型

B2C 模式是我国最早产生的电子商务模式，这种形式的电子商务一般以网络零售业为主，主要借助于 Internet 开展在线销售活动。B2C 电子商务主要有以下类型。

1. 综合型 B2C 平台

对各大电子商务公司来说，通过对经营产品的不断丰富，来争夺更多的客户，进而提升自己的竞争力，对用户的各种需求“一网打尽”。综合型 B2C 平台有庞大的购物群体，有稳定的网站平台，有完备的支付体系，如天猫、京东商城、当当、苏宁易购都是综合型 B2C 平台。如图 2-6 所示为综合型 B2C 电商平台天猫。

图 2-6 综合型 B2C 电商平台天猫

2. 垂直型 B2C 平台

垂直型 B2C 平台销售单品类、单品牌产品或销售单一品类下多个品牌产品，如小米商城是小米品牌旗下产品，如图 2-7 所示。

图 2-7　小米商城

垂直电商需要有强大的品牌影响力、足够多的产品种类，而且能够吸引足够的流量，垂直电商“小而精”的特点会强化购物体验，满足一些差异化需求，如对于非标准化的、专业性较高的细分市场，消费者需要有细分平台为其提供有特色的和专业化的服务。

2.4　C2C 电子商务模式

在如今的电子商务领域，C2C 电子商务网站的出现，标志着 C2C 模式已经加入了电子商务的大军中来，体现出电子商务网站发展得更加的成熟化、多元化。

2.4.1　C2C 电子商务模式

C2C 电子商务模式就是，消费者和消费者之间通过 C2C 电子商务类型的网站，之间达成的交易的过程，就叫 C2C 电子商务模式。 C2C 的典型有易趣网、淘宝网等。 如图 2-8 所示的淘宝网就是典型的 C2C 电子商务模式。

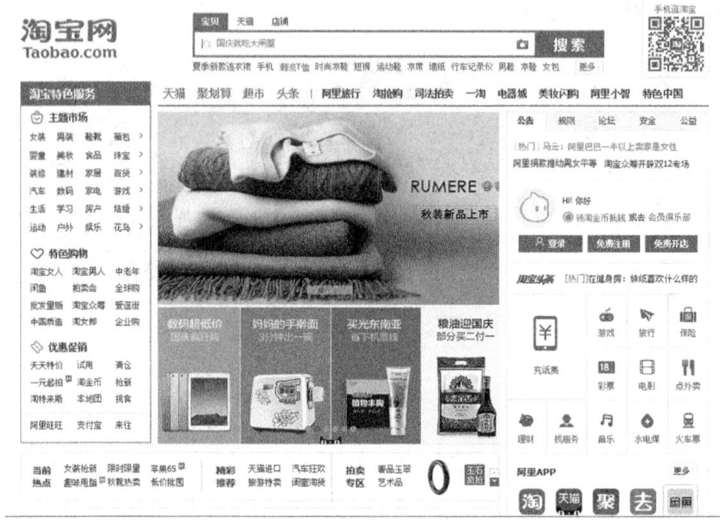

图 2-8 淘宝网就是典型的 C2C 电子商务模式

随着互联网迅速的发展，人们在网上购物的方式已经得到大量的普及，因此如果没有一个合适的供应商平台，将买卖双方聚集在一个平台之上。靠单纯的互联网人工搜索是很难发现的，消费者没有买到自己想要的商品，商家没有销量。

C2C 电子商务模式，使得各个商家和个人消费者之间的信誉问题得到了很大的改善。对买卖双方信誉的监督和管理，对交易的监控，物流的跟踪，最大限度地做到了限制双方欺诈性事件的发生，确保了各自双方的利益。

2.4.2 C2C 电子商务是怎样交易的

C2C 服务提供商构建网络交易中介平台，通过宣传发展会员；卖家会员在此平台上进行注册、“开设店铺”，买家通过浏览网站寻找到自己想要的产品，双方通过网站提供的交流工具进行协商，达成一致则买家打款给网站提供的第三方支付工具；然后卖家发货，买家收到货物并查验无误后放款给卖家。如图 2-9 所示为淘宝平台中的交易流程。

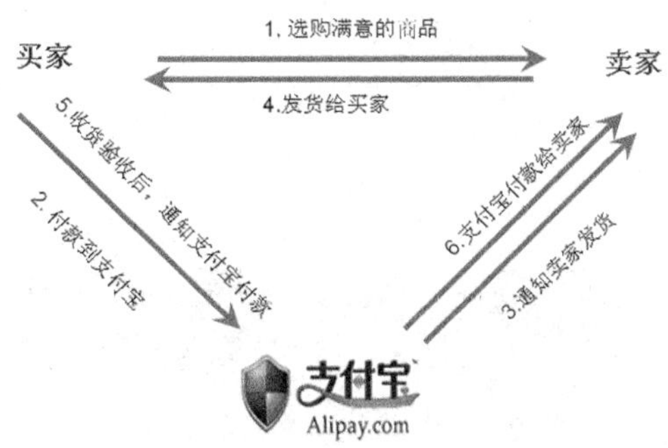

图 2-9 淘宝平台中的交易流程

支付宝庞大的用户群吸引了越来越多的互联网商家主动选择集成支付宝产品和服务，目前除淘宝和阿里巴巴外，支持使用支付宝交易服务的商家已经超过30万家;涵盖了虚拟游戏、数码通信、商业服务、机票等行业。这些商家在享受支付宝服务的同时，更是拥有了一个极具潜力的消费市场。

C2C 服务提供商主要通过向卖家收取店铺费用、交易服务费、广告费来获利，由于我国各 C2C 服务提供商竞争激烈，目前大部分都提供免费服务。

2.5 O2O 电子商务模式

O2O 是目前非常火的概念，即 Online To Offline，也就是将线下商务的机会与互联网结合在了一起，让互联网成为线下交易的前台。

这样线下服务就可以通过线上来揽客，消费者可以通过线上来筛选服务，成交后可以在线上结算，很快达到规模。如图 2-10 所示的美团网就是典型的 O2O 模式。

O2O 的优势在于把线上和线下的优势完美结合。通过网络平台，把互联网与地面店完美对接，实现互联网落地。让消费者在享受线上优惠价格的同时，又可享受线下的服务，同时 O2O 模式还可实现不同商家的联盟。

图 2-10 美团网就是典型的 O2O 模式

O2O 营销模式的核心：O2O 营销模式的核心是在线支付，在线支付不仅是支付本身的完成，是某次消费得以最终形成的唯一标志，更是消费数据唯一可靠的考核标准。其实对提供 online 服务的互联网专业公司而言，只有用户在线上完成支付，自身才可能从中获得效益。

2.6 常见电商平台

可供企业选择的电商平台越来越多，是选择淘宝、天猫、当当、京东还是自己独立的 B2C 平台，需要商家仔细考虑后再做决定。

2.6.1 淘宝网

淘宝网是亚太地区较大的网络零售商圈，由阿里巴巴集团在 2003 年 5 月 10 日投资创立。淘宝网现在业务跨越 C2C（个人对个人）、B2C（商家对个人）两大部分。淘宝网不仅是中国深受欢迎的网络零售平台，也是中国的消费者交流社区和全球创意商品的集中地。淘宝网在很大程度上改变了传统的生产方式，也改变了人们的生活消费方式。如图 2-11 所示为淘宝网。

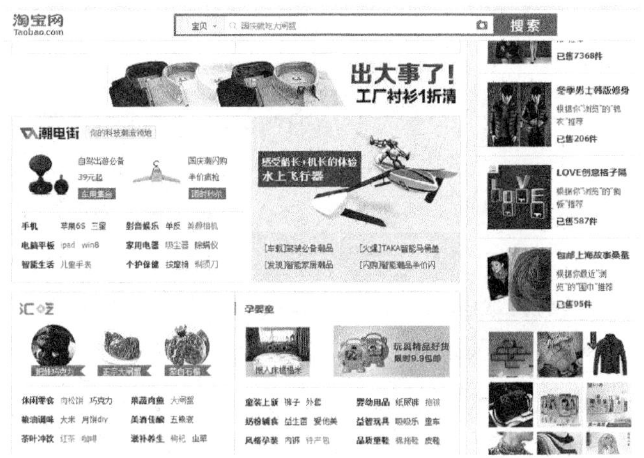

图 2-11 淘宝网

2.6.2 当当网

从 1999 年 11 月当当网（www.dangdang.com）正式开通至今，已从早期的网上卖书拓展到网上卖各品类百货，包括图书音像、美妆、家居、母婴、服装和 3C 数码等几十个大类，其中在库图书、音像商品超过 80 万种，百货 50 余万种。在业态从网上百货商场拓展到网上购物中心的同时，当当网也在大力开放平台，目前当当网平台商店数量已超过 1.4 万家，2012 年第三季度新增 2000 家入驻商家，同时当当网还积极地走出去，在腾讯、天猫等平台开设旗舰店。如图 2-12 所示为当当网。

图 2-12 当当网

2.6.3 京东商城

京东商城是中国最大的自营式电商企业，2014 年，其市场交易额达到 2602 亿元，2015 年第一季度在中国自营式 B2C 电商市场的占有率为 56.3%。通过内容丰富、人性化的网站和移动客户端，京东以富有竞争力的价格，提供具有丰富品类及卓越品质的商品和服务，以快速可靠的方式送达消费者，并且提供灵活多样的支付方式。另外，京东商城还为第三方卖家提供在线销售平台和物流等一系列增值服务。如图 2-13 所示为京东商城。

图 2-13 京东商城

2.6.4 苏宁易购

苏宁易购是苏宁电器旗下的新一代 B2C 网上购物平台（www.suning.com），现已覆盖传统家电、3C 电器、日用百货等品类。2011 年，苏宁易购将强化虚拟网络与实体店面的同步发展，不断提升网络市场份额。苏宁易购依托强大的物流、售后服务及信息化支持，继续保持快速的发展步伐，成为中国领先的 B2C 平台之一。如图 2-14 所示为苏宁易购。

图 2-14 苏宁易购

2.6.5 阿里巴巴

阿里巴巴（1688.com）是全球企业间（B2B）电子商务的著名品牌，为数千万网商提供海量商机信息和便捷安全的在线交易市场。阿里巴巴为全球领先的小企业电子商务公司，也是阿里巴巴集团的旗舰业务。

阿里巴巴网站界面如图 2-15 所示。

图 2-15 阿里巴巴

2.6.6 腾讯拍拍网

拍拍网是京东战略收购的原腾讯电商旗下业务。拍拍网致力于打造一个卖家和买家互联互通的 C2C 平台，通过提供包括服装服饰，母婴，食品和饮料，家居家装和消费电子产品等在内的丰富的产品，以全面满足消费者的需求。与此同时，拍拍网也为第三方卖家提供数据挖掘和分析等增值服务，这些增值服务将帮助卖家对消费者和市场做出精准分析，并为其产品规划和开展精准营销提供支持。通过布局拍拍网，京东正式进军 C2C 领域，京东原有的电商生态也在 B2C 的基础上得到了进一步丰富。如图 2-16 所示为拍拍网。

图 2-16 拍拍网

2.7 电子商务运营的关键点

电子商务运营各个环节中有很多数据，先来看比较重要的几个关键点。

2.7.1 访问量

访问量也称流量，是电子商务网站的基础。没有流量，所有的一切工作都没有了基础。除了访问量之外，与之相关的活跃访客比例是一个相关的数字。如果活跃访客比例高，那么我们的访客价值会相对比较高。在不同的电子商务网站，活跃访客比例的定义是不同的。例如，有的网站是以访问页面作为活跃访客的定义，而有的网站是以停留时间作为活跃访客的定义。

2.7.2 转化率

转化率是各家电子商务企业十分重视的一个指标，它同样也是是衡量店铺及网站引入流量是否优质的一个重要标准。假设某家电子商务企业每天的销售额为 10 万元，而平均转化率是 1%，试想在同样的流量情况下，如果把转化率提升到 1.5%，那么他们每天的销售额就可以上升到 15 万元；如果可以把转化率再提升到 2%，那么每天的销售额就可以到 20 万元。

图 2-17 店铺要装修好

那么如何提高“转化率”呢？

（1）增加网站视觉效果，店铺要装修好，如图 2-17 所示。

（2）把图片拍好是最基础的要求，客户也往往因为图片的清晰，细节展示详细而引发购买。而煽动性就要体现在创意和想法上，很多图片运用了场景、主题化的拍摄。如图 2-18 所示为吸引人的产品图片。

图 2-18 吸引人的产品图片

（3）文案精准。影响转化率的另外一个因素则是产品描述。很多店主对商品的详情介绍文字把握不清晰，以为文字越多就显得态度越认真。事实上购买的人很少会去把所有文字从头至尾看完，只关注他感兴趣的关键字句。

紧抓文案，除了精准的潜在消费者习性洞察，主要是完成两个任务：产品功能点顾客利益点。在短短百字之内，文字精练出彩，简单明了地讲清产品特点和基本特性。如图 2-19 所示为精准的文案。

图 2-19 精准的文案

（4）店铺动态评分。在我们的店铺信用评价里有一个淘宝店铺动态评分，店铺动态评分里有三个评分标准。它们分别是宝贝与描述相符、卖家的服务态度和卖家的发货速度。淘宝是通过将这些分数与同行业的平均水平相比较，得到一个参数值，通过这个参数给予你店铺、宝贝分配权重。这个分数是买家给予的，你的服务态度好，买家打的分数就会高。

现在淘宝搜索规则中对服务的要求越来越高，从搜索来看，前几个页面的商家描述相符、发货速度、服务态度都是在平均水平之上的商家，如图 2-20 所示。

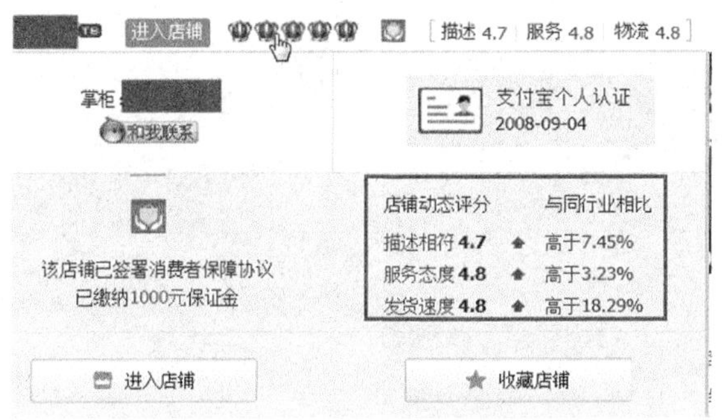

图 2-20 店铺动态评分

（5）商品的价格。为商品定价时应该考虑市场上其他商品是如何定价的，再仔细权衡，从而为自己的商品定价。商品诱惑力的高低，直接决定着消费者购买的意愿及数量。如果商品具有一定的吸引力，此商品的销售数量会大大增加；如果商品没有吸引人的地方，那么不论如何促销、降价，都不能成功售出。

（6）提升老客户回访率。店铺的好评率、退款率、客服响应时间、纠纷率，同样会影响宝贝的自然搜索权重。

2.7.3 客单价

所谓的咨询客单价，就是指客户平均每次购买商品的金额。一般指一家店铺一天的交易中，每个用户所产生的平均交易金额。提高客单价，就是让每位顾客的平均购买金额增加。一个网店的销售额主要是由客单价以及客流量决定的，因此要想提升网店的整体销售额，那么除了吸引更多的客户进到自己的网店之外，提高客单价也是一个非常重要的途径。

提高客单价的主要方法有。

1. 促销

逢节日促销是现在商家惯用的手法，尤其是像情人节、国庆、五一、元旦等大节日更是给商家带来促销的理由。如图 2-21 所示的是在中秋节促销商品的详情页面。

图 2-21　中秋节促销商品的详情页面

2. 关联销售

同时搭配店铺的其他商品，客单价又会大大提升。在为买家推荐宝贝的同时，进行搭配购买的折扣，可以为买家的购买带来更多动力。如图 2-22 所示的搭配套餐。

满就送活动也是常用的一种手段。但是由于卖家设定的金额往往接近店铺本身的客单价，甚至没有达到客单价，反而没有起到提高客单价的作用。因此，满就送活动中满的额度要适当高于客单价，让用户消费得起但又不会很吃力。例如一家店铺的平均客单价为 200 元，如果活动设定为满 150 送礼品，那么几乎所有买家都不用额外付出就能拿到礼品，对客单价几乎没有帮助，但如果设定为满 280 元送礼品，那么就可以促使对该礼品感兴趣的人多买一些。

图 2-22　搭配套餐

第 3 章

快速发展的农村电商

电子商务对农村生活的影响已经显而易见，2015 年以来，在“互联网 +”浪潮的驱动下，阿里、京东、苏宁等电商巨头开始了更大规模的电商下乡进村。而作为农村电商从业者们，也在思考怎么利用“互联网 +”这一大风口，提高农产品等商品的附加值，把它卖到更远的地方。

3.1 农村电子商务

互联网的快速发展使得农村市场的消费潜力得到释放，城镇人口对农产品的需求越来越大，农村网上消费所占比重也持续不断地加速提升。

3.1.1 农村电子商务发展政策建议

随着农村信息化建设的开展，农村中生产经营方式和农民的生活发生了很大的变化，电子商务在农村迅速兴起，农村电子商务的出现和发展深刻地影响着中国农村。

1. 培养农村电商人才

随着农村电商的快速发展，人才紧缺问题显现，加强农村电子商务的人才培养，增强对电子商务营销、运营推广、美工设计、网店售后服务人才的培训，大力开展公益性的农村电子商务培训。

在目前农村青年群体返乡创业背景下，以返乡创业农民工、大学生、农村扶贫对象、特色种养大户、农民合作社负责人等群体为重点培训对象。只要培训具有针对性、实用性强、力度大，人才的产生数应该会成倍增长。

2. 加大资金支持力度

地方财政可以安排农村电子商务发展引导专项基金，通过政府奖励、补贴等方式支持农村电子商务发展。各级金融机构可以通过贴息等方式协助电子商务用户、物流企业扩大市场，支持农村电子商务用户、物流企业实现小规模社会化融资等。

3. 农村电商物流是关键

农村物流网络不发达、配送成本高，农村电商“最后一公里”配送难度较大。最新数据显示，有高达六成的农村居民认为快递收件不方便。农村居住分散，物流成本高，投入产出比低，不少物流网点到了乡镇就难建下去。在全国大部分地区除中国邮政外，顺丰、圆通、申通等主要快递企业的营业网点大多只在县城或乡镇中心，很少到村。建立较为完善的物流网络、更科学地在中心镇或是人口密集的村庄建立物流中转点，需要当地政府、电商企业根据当地的习惯进行考虑。

4. 积极培育市场体系

深入调查了解农村电子商务发展的需求和瓶颈，结合不同地域农村特色和资源，分部类、领域、平台地推动农村电子商务发展；实施农村电子商务发展的政策激励，通过财政政策的激励、产业政策、金融政策的扶持加快推动农村电子商务加快发展。

5. 促进企业融合发展

2014 年 10 月 13 日，阿里巴巴集团在首届浙江县域电子商务峰会上宣布，启动千县万村计划，在三至五年内投资 100 亿元，建立 1000 个县级运营中心和 10 万个村级服务站。在政策的大力推动下，地方政府纷纷成立电商办，而电商巨头京东、1 号店、我买网、苏宁等也正在加紧“抢地盘”。

3.1.2 农产品电子商务有哪些模式

农村电子商务可以很好地实现农业生产与市场需求的对接。开展农产品电子商务，能够改善农产品流通状况，促进农产品贸易，农产品电子商务有哪些常见的模式呢?

1. B2C 模式

B2C 模式是商家直接面向消费者销售产品的零售模式，主要借助于互联网开展在线销售活动，这也是目前电商领域里最主要的经营业态，如优菜网、龙宝溯源商城、沱沱工社等。如图 3-1 所示为优菜网。

图 3-1 B2C 模式的优菜网

此类模式里又分两种经营形式，一类是纯 B2C 电商网站，即本身自己不种植、饲养任何产品，所售卖的产品均来自其他农场，典型代表是顺丰优选、本来生活。另一类是“自有农场 +B2C”，即本身种植产品，然后通过自建 B2C 网站的方式直接销售给消费者，因此其所售卖的产品多是自己的产品。

2. 淘宝“特色中国”平台

淘宝在推进农村电子商务的发展上起到了重要的作用，尤其重点项目“特色中国”有着不可替代的作用。“特色中国”是淘宝特色营销的一种，挖掘和精选全国各地的名优土特产以及名优企业，让更多的特色农产品卖家有展示的机会。在淘宝网平台开设了许多地方特色农产品馆，如金华馆、义乌馆、随州馆、阿克苏馆。如图 3-2 所示为淘宝随州馆销售的地方特色农产品。

图 3-2 淘宝随州馆

3. 家庭会员宅配模式

这类模式主要是通过家庭宅配的方式把企业自己的产品直接配送到家庭会员。主要盈利来源是家庭会员的年卡、季卡或月卡消费。此类模式的典型代表是多利农庄。多利农庄经营之初就确定了“压缩中间环节”的经营原则，并最终选择了直销的方式，采取了会员预售的模式，即会员以月、半年或年度为周期预先付费，打包销售。如图 3-3 所示为家庭会员宅配模式多利农庄。

图 3-3 家庭会员宅配模式多利农庄

4. 订单农业

这类经营者受规模所限，多是依托在淘宝网的集市店进行销售。这类经营方式的最大卖点，是经营者承诺用最天然的方式种植，不打农药、不施化肥、不加生长素等。这种定制模式最大的特点是以销定产，有消费需求，然后按要求去生产，作为一种市场导向，避免了盲目生产。

3.1.3 农产品电商 F2O 模式

“F2O（Focus to Online）”模式是“焦点事件 + 电子商务”。作为近年来最成功的国产纪录片，《舌尖上的中国》掀起了国内土特产美食的网购热潮。人们在电视上、视频网站上看过了各地美食纪录片之后，希望品尝一下。但限于空间距离，电子商务网站就成了连接各地美食和消费者的最佳纽带。

农产品电商 F2O 模式不容忽视，F2O 模式对于电视等媒体、电商平台来说是一种双赢。电视媒体带来的热点事件效应，能够转化为实际的商业订单，这既是一种影响力的体现，也为未来商业模式的开发创造了条件。

《舌尖上的中国》开播后，短短 5 天内就共有 580 多万人上淘宝淘一淘熟悉的家乡味。此前冷门的毛豆腐、松茸、诺邓火腿、乳扇等，成为销量增长最快的特产食品。例如云南诺邓火腿在纪录片播出后 5 天内，成交量增加了 4.5 倍，环比增长 17 倍。如图 3-4 所示为 F2O 模式下邓诺火腿热销。

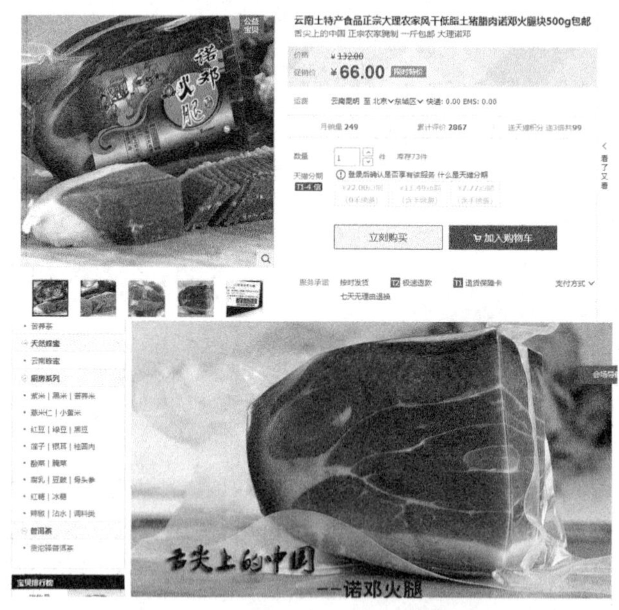

图 3-4 F2O 模式下邓诺火腿热销

3.2 我国农产品电子商务背景

随着我国农产品的“卖难”问题日益严重，同时伴随着互联网的日益普及，农产品的电子商务日益受到人们的关注。

3.2.1 农产品电子商务站上风口

当前涉农电商领域发展迅速、市场空间巨大但渗透率较低，在一号文件等政策扶持下，作为电商领域“最后一片”蓝海，农产品电商也站在了投资的“风口”。

首先农产品电商群体崛起，成为电子商务领域最活跃的群体，在各类电商平台上积极推广农产品。

各大电商平台也意识到农产品电商很有前景，都积极进行布局农村电商。目前，全国各类涉农电子商务平台已超3万家，其中农产品电子商务平台已达3000家。

多种农产品在网上热销，“褚橙”“柳桃”“潘苹果”成了健康与时尚的代名词，也使得更多的农产品电商从业者开始积极发展网上销售。

目前，包括阿里、京东、腾讯在内的众多互联网企业也均推出了针对农村地区的农产品电商服务。以阿里为例，除了利用旗下淘宝平台，直接向农村地区销售各类农机、种子、化肥，以及各类产品外，还利用电商平台、大数据和物流体系，帮助农民直接对外销售各类农产品。

3.2.2 农产品电子商务的蓬勃发展

相对于传统电商市场的饱和状态，农村电商市场呈现出一片空白，农民对质优价廉商品的需求日益旺盛。农村电商的火热也带来更多的企业进入农产品电商领域。

（1）针对农村电商人才欠缺现状，各类专业培训机构纷纷在农村和中西部布局。

（2）同时以菜鸟网络、顺丰快递为首的物流企业也开始在农产品领域发力，探索解决生鲜农产品的物流及配送难题的方案。

2015年6月17日，菜鸟网络宣布在北京、上海、广州三地推出生鲜仓储配送中心，全球各地的新鲜水果、水产海鲜及肉类，在24小时内通过冷链配送到达消费者手中。

如图3-5所示的顺丰优选是由顺丰速运集团倾力打造，以全球优质安全美食为主的网购商城。目前网站商品数量超过一万余种，全面覆盖生鲜食品、母婴食品、酒水饮料、营养保健、休闲食品、饼干点心、粮油副食、冲调茶饮及美食用品等品类。

图3-5 顺丰优选

（3）新希望、大北农、史丹利、金正大等A股上市公司均在布局“互联网+农业”。2015年5月国内最大农牧企业新希望与农产品B2B交易平台一亩田进行产业链深层次合作，携手布局农产品电商市场。

3.2.3 政府对农产品电子商务愈发重视

各级政府对于农产品电子商务也是愈发重视。2012年底，商务部发布《关于加快推进鲜活农产品流通创新的指导意见》，提出要鼓励利用互联网、物联网等现代信息技术，发展线上线下相结合的鲜活农产品网上批发和网上零售。

2015年5月7日国务院正式出台《关于大力发展电子商务加快培育经济新动力的意见》，其中强调，研究制定促进农村电子商务发展的意见，出台支持政策措施。

鼓励电子商务平台服务“一村一品”，促进品牌农产品走出去。鼓励农业生产资料企业发展电子商务。

除了中央层面政策上的关注，各个省区也出台了多部地方政策来助力当地农产品电子商务的发展。

3.3 农产品电子商务发展现状

2014 年上半年商务部发布的数据，我国农产品的总交易额在 4 万亿元左右，而通过电子商务流通的农产品仅为 1%。这也说明农产品电商的发展前景很广阔。

3.3.1 我国农产品网商发展概况

《阿里农产品电子商务白皮书》数据显示，截至 2014 年，阿里平台上，经营农产品的卖家数量为 76.21 万个，其中零售平台卖家 74.98 万个，较 2013 年增长 60.57%。

从注册地址来看，在乡镇的农村卖家约为 76.98 万个，零售平台 66.11 万，诚信通账户为 10.87 万。而且 2014 年，从农村发出的包裹增长 82.02%；发往农村的包裹增长 103.01%。2014 年农产品的包裹增长 113.05%。

3.3.2 农产品电子商务交易情况

2015 年，农产品电商平台近 4000 家，几乎每天都有一家涉农电商企业上线。随着电商越来越成熟，农产品电商交易额越来越大。据统计，未来五年我国农产品电商交易额占农产品交易额的 5%。

2014 年阿里平台上完成农产品销售 483.02 亿元，较 2013 年增长 69.83%。其农产品销售的具体类目中，零食、坚果、特产为最大农产品类目，占比 32.21%；但从增长趋势来看，鲜花绿植类目增速最高，达到 164.87%。枣类为销量最大单品，销售额超过 18 亿元；乌龙茶、普洱等也排名前列。增幅最快的单品为牛油果，增幅达到 676%，其次为桑葚、鱿鱼、柠檬、榴莲等。如图 3-6 所示为农产品网店。

图 3-6 农产品网店

从消费者到流通者，再到生产者，互联网渐次向上游赋能，互联网、物联网、大数据等开始指导农民生产，进入育种、栽培、施肥、灌溉、收割等多个环节，倒逼“精细农业”形成。越来越多的种植户通过网络将农产品卖到全国各地。

3.4 “淘宝村”的“互联网 +”之路

2015 年以来，在“互联网 +”浪潮的驱动下，阿里、京东、苏宁等电商企业开始了大规模的电商下乡进村。此外，政策利好密集出台，鼓励物流、仓储、资金和渠道更高效地下沉到农村市场。

3.4.1 什么是淘宝村

淘宝村是大量网商聚集在某个村落，以淘宝、天猫为主要交易平台，以淘宝电商生态系统为依托，形成规模和协同效应的网络商业群聚现象的村子。淘宝作为国内电商平台的代表，给农村带来的变化已经显而易见。

淘宝村的标准是，经营场所在农村地区，以行政村为单元；电子商务年交易额达到1000万元以上；村活跃网店数量达到100家以上，或活跃网店数量达到当地家庭户数的10%以上。

在2014年公布的212个淘宝村中，活跃卖家数量超过7万家，按每个网店约4个从业者计算，淘宝村整体带来直接就业达28万人以上。

淘宝村让农民赚钱的方式发生了颠覆性变革。农村电商自2009年以来呈现暴发增长的趋势，到2013年，仅在淘宝和天猫平台上，从县域发出的包裹就达约14亿件，淘宝网和天猫上注册地在农村（含县）的网店就超过了200万家。

3.4.2 淘宝村为何爆发

在电商企业下乡进村热情高涨的同时，政策层面的利好也是接连不断。2014年11月份，国务院总理李克强考察有“网店第一村”之称的浙江义乌青岩刘村，而在2015年国务院常务会议提出“大众创业、万众创新”之后，支持农村电商的政策也不断落地。国务院及相关部委相继发布了《关于协同推进农村物流健康发展、加快服务农业现代化的若干意见》、《关于大力发展电子商务加快培育经济新动力的意见》、《互联网+流通行动计划》等文件。

以淘宝为代表的平台型电子商务模式，是农民创业的天然优质土壤。淘宝网是一个低门槛、以中小型企业和个人创业者为主的网络创业平台。对于收入偏低、抗风险能力弱、零散时间相对宽裕的农民来说，淘宝网的低门槛特征，非常符合农民的实际需求。

在中国农村，“专业村”普遍而大量存在，根据农业部统计，截至2013年底，各类一村一品专业村达到5.4万个，较低的劳动力成本、大规模生产，细化的分工，往往能形成较强的市场竞争力，这和传统工业领域产业集群的原理相似。淘宝村比专业村更具备优势的一点是，它和互联网充分结合，是一种新型的线上产业集群。

由于“淘宝村”将产生财富效应，带动周边村庄的模仿和跟进。同时包括返乡农民工、返乡大学生的加入，这部分人群具备更高的电脑操作能力和网购意识，使得各地发展淘宝村有了更多的支撑力量。

3.4.3 从淘宝村到淘宝镇

随着淘宝村在全国各个区域规模化涌现和集群化发展，淘宝镇开始出现。一个镇、乡或街道出现的淘宝村大于或等于3个即为“淘宝镇”。根据阿里巴巴发布的《中国“淘宝村”研究报告》，2014年我国已有212个“淘宝村”，在此基础上，全国涌现了19个淘宝镇。如表3-1所示为淘宝镇。

表3-1 淘宝镇

	省份	城市	区县	乡镇	淘宝村数量
1	浙江	温州市	永嘉县	桥下镇	5个
2	浙江	金华市	义乌市	江东街道	4个
3	浙江	台州市	天台县	坦头镇	4个
4	浙江	台州市	温岭市	泽国镇	4个
5	浙江	杭州市	临安市	清凉峰镇	3个
6	浙江	湖州市	吴兴区	织里镇	3个
7	广东	广州市	增城市	新塘镇	9个
8	广东	广州市	白云区	太和镇	7个
9	广东	揭阳市	普宁市	占陇镇	4个
10	广东	广州市	番禺区	南村镇	3个
11	广东	广州市	花都区	狮岭镇	3个
12	山东	菏泽市	曹县	大集乡	6个
13	山东	滨州市	博兴县	锦秋街道	5个
14	河北	邢台市	清河县	葛仙庄镇	6个
15	河北	保定市	高碑店市	白沟新城	5个
16	江苏	徐州市	睢宁县	沙集镇	5个
17	江苏	南通市	通州区	川姜镇	3个
18	福建	泉州市	安溪县	尚卿乡	5个
19	福建	莆田市	仙游县	榜头镇	3个

“淘宝村”发展成“淘宝镇”是一次重大跨越，几个村子连片发展，辐射能力更强，对农村带动作用更明显，同时也证明“淘宝村”具有强大的生命力，电子商务在

不少农村已从一种销售方式发展成了一种生活方式。

3.4.4 国内淘宝村

随着我国电子商务的不断崛起，越来越多的人从中发现了商机。从全球范围来看，中国淘宝村是独一无二的经济现象。截至 2014 年底，阿里巴巴公布了 211 个淘宝村。

【浙江省淘宝村 62 家】

浙江省杭州市临安市白牛村——坚果炒货

浙江省丽水市缙云县北山村——户外用品

浙江省温州市瓯海区陈庄村——鞋

浙江省嘉兴市桐乡市城郊村——皮草

浙江省丽水市龙泉市村头村——内衣、刀剑、青瓷

浙江省湖州市吴兴区大河村——童装

浙江省嘉兴市桐乡市东安村——皮草

浙江省台州市天台县东陈村——汽车用品

浙江省台州市三门县东谢村——道路减速带

浙江省丽水市松阳县筏铺村——服饰、茶叶

浙江省温州市永嘉县方岙村——教玩具

浙江省金华市东阳市防军村——木雕

浙江省嘉兴市桐乡市羔羊村——鞋

浙江省嘉兴市海宁市郭店村——皮草

浙江省湖州市吴兴区河西村——童装

浙江省杭州市桐庐县横村——健身器材

浙江省嘉兴市海盐县横港村——卫浴用品

浙江省金华市义乌市候儿村——日用品、玩具

浙江省台州市天台县湖岸村——汽车用品

浙江省台州市仙居县黄梁陈村——家居饰品

浙江省台州市温岭市夹屿村——热水器、鞋

浙江省嘉兴市海宁市老庄村——皮草

浙江省金华市武义县楼王村——五金工具

浙江省金华市义乌市楼下张村——零食

浙江省杭州市临安市马啸村——山核桃

浙江省宁波市鄞州区茅山村——地毯

浙江省温州市永嘉县梅岙村——教玩具

浙江省台州市温岭市牧屿村——鞋

浙江省丽水市龙泉市南秦村——青瓷、宝剑

浙江省金华市永康市派溪吕村——家具

浙江省台州市温岭市潘郎村——鞋

浙江省温州市永嘉县千石村——鞋

浙江省台州市温岭市前陈村——鞋

浙江省嘉兴市平湖市前港村——羽绒服

浙江省台州市黄岩区前洋村——家具

浙江省湖州市吴兴区秦家港村——童装

浙江省嘉兴市桐乡市青石村——蚕丝被

浙江省金华市义乌市青岩刘村——袜子、女装

浙江省绍兴市诸暨市邱村——袜子

浙江省嘉兴市海宁市三联村——皮草

浙江省嘉兴市平湖市三港村——羽绒服

浙江省温州市瓯海区沈岙村——女装

浙江省温州市永嘉县上村——演出服饰、教玩具

浙江省台州市温岭市双峰村——鞋

浙江省台州市天台县五百村——汽车用品

浙江省温州市永嘉县西岙村——教玩具

浙江省金华市义乌市西谷村——家具、户外用品

浙江省丽水市松阳县西山村——家具

浙江省金华市永康市下里溪村——生活电器

浙江省金华市永康市下楼村——生活电器、家具

浙江省金华市义乌市下湾村——户外用品、饰品

浙江省温州市永嘉县下斜村——教玩具

浙江省杭州市临安市新都村——坚果炒货

浙江省宁波市鄞州区秀丰村——贺卡、明信片

浙江省金华市义乌市新屋村——居家用品

浙江省嘉兴市海宁市盐仓村——皮衣

浙江省嘉兴市海宁市永福村——窗帘、沙发配饰

浙江省台州市天台县鱼山村——汽车用品

浙江省嘉兴市桐乡市义马村——蚕丝被

浙江省杭州市临安市玉屏村——坚果炒货

浙江省台州市温岭市长大村——鞋

浙江省温州市永嘉县珠岙村——童装

【广东省淘宝村54家】

广东省广州市增城市白江村——牛仔裤

广东省广州市增城市白石村——牛仔裤

广东省汕头市潮阳区大坑村——电脑配件

广东省广州市白云区大源村——服装

广东省佛山市顺德区大闸村——家具

广东省揭阳市普宁市大长陇村——手机

广东省汕头市潮南区东北村——手机、化妆品

广东省汕头市潮阳区东陇村——手机

广东省江门市鹤山市东溪村——家具、摩托车配件

广东省广州市增城市东洲村——牛仔裤

广东省广州市增城市甘涌村——牛仔裤

广东省汕尾市陆丰市桂林村——摩托车

广东省广州市花都区合成村——箱包

广东省广州市白云区鹤亭村——皮具

广东省汕头市潮南区华里西村——化妆品、奶粉

广东省佛山市禅城区吉利村——笔记本电脑、手机

广东省汕头市潮南区简朴村——数码配件

广东省广州市增城市久裕村——牛仔裤

广东省揭阳市揭东区军埔村——服装、不锈钢制品

广东省广州市番禺区坑头村——饰品、户外用品

广东省惠州市博罗县李屋村——汽车配件

广东省广州市番禺区里仁洞村——女装

广东省惠州市博罗县寮仔村——汽车配件

广东省揭阳市普宁市马栅村——女装

广东省广州市白云区南村——女装

广东省广州市白云区南岭村——箱包

广东省广州市增城市坭紫村——牛仔裤

广东省佛山市禅城区溶洲村——瓷砖

广东省潮州市饶平县上浮山村——零食、沙发

广东省广州市增城市上邵村——牛仔裤

广东省广州市白云区石湖村——箱包

广东省揭阳市普宁市石桥头村——手机

广东省河源市龙川县水贝村——鞋

广东省惠州市惠东县太阳村——家电配件

广东省广州市白云区田心村——隔音材料、女装

广东省揭阳市普宁市西楼村——手机

广东省汕头市潮南区西岐村——数码配件

广东省广州市白云区犀牛角村——服装

广东省揭阳市普宁市溪南村——鞋

广东省揭阳市普宁市下村——手机

广东省汕头市潮阳区新厝村——手机

广东省广州市增城市新何村——牛仔裤

广东省揭阳市普宁市新寮村——手机

广东省广州市白云区夏良村——女装

广东省汕头市潮南区新庆村——家居服

广东省广州市花都区新扬村——箱包

广东省广州市增城市瑶田村——牛仔裤

广东省广州市花都区益群村——箱包

广东省广州市白云区永兴村——数码配件、汽车零配件

广东省揭阳市普宁市占陈村——女装

广东省广州市番禺区樟边村——游艺机、家电

广东省汕头市潮南区芝兰村——手机

广东省佛山市南海区洲村——鞋

广东省汕头市潮南区珠埕村——香水

【福建省淘宝村28家】

福建省莆田市仙游县坝下村——木雕

福建省泉州市德化县宝美村——陶瓷

福建省泉州市晋江市旦厝村——服装

福建省莆田市荔城区东郊村——女装、男装

福建省泉州市南安市飞云村——运动鞋

福建省泉州市晋江市高坑村——鞋、跑步机

福建省莆田市仙游县海安村——服装

福建省泉州市安溪县翰卿村——藤铁家具、工艺品

福建省泉州市安溪县翰苑村——藤铁家具、工艺品

福建省福州市闽侯县建平村——家具

福建省龙岩市新罗区培斜村——竹席

福建省泉州市石狮市前埔村——鞋

福建省莆田市荔城区清前村——女装

福建省莆田市仙游县泉山村——家具

福建省莆田市秀屿区上塘村——饰品

福建省莆田市涵江区松东村——鞋

福建省泉州市南安市素雅村——鞋、数码配件

福建省泉州市晋江市梧坑村——服饰、鞋

福建省莆田市荔城区西洪村——女装

福建省泉州市晋江市仙石村——鞋、包

福建省泉州市安溪县新楼村——藤铁家具、工艺品

福建省泉州市德化县浔中村——陶瓷

福建省泉州市晋江市玉湖村——户外用品、服装

福建省泉州市安溪县灶坑村——藤铁家具、工艺品

福建省泉州市安溪县灶美村——藤铁家具、工艺品

福建省泉州市晋江市张林村——鞋

福建省泉州市南安市长福村——对讲机

福建省莆田市仙游县紫泽村——木雕

【河北省淘宝村 25 家】

河北省邢台市平乡县艾村——童车

河北省保定市高碑店市白五村——箱包

河北省石家庄市正定县北贾村——家具

河北省邢台市清河县东高庄村——毛线、毛衣

河北省保定市清苑县东吕村——起重工具

河北省邢台市南宫市段四村——汽车用品

河北省石家庄市深泽县耿庄村——清洁剂

河北省邯郸市永年县河北铺村——化妆品

河北省邢台市南宫市后索泸村——皮草

河北省邢台市清河县黄金庄村——毛衣

河北省邢台市平乡县霍洪村——童车

河北省保定市高碑店市来远村——箱包

河北省邢台市清河县郎吕坡村——毛线

河北省保定市曲阳县南村——石雕

河北省保定市蠡县南沙口村——毛线

河北省邢台市南宫市南张庄村——毛线

河北省邢台市南宫市宋都水村——汽车用品

河北省保定市高碑店市王庄村——箱包

河北省邢台市清河县西高庄村——毛线、毛衣

河北省邢台市清河县西张古村——毛衣

河北省邢台市清河县许二庄村——毛衣

河北省保定市高碑店市许庄村——箱包

河北省保定市高碑店市小营村——箱包

河北省邢台市清河县杨二庄村——毛衣

河北省邢台市清河县张二庄村——毛线

【江苏省淘宝村 24 家】

江苏省苏州市昆山市大市村——袜子、服饰配件

江苏省宿迁市宿城区大众村——家具

江苏省徐州市睢宁县丁陈村——家具

江苏省徐州市睢宁县东风村——家具

江苏省无锡市江阴市璜塘村——防辐射服装

江苏省宿迁市沭阳县解桥村——糕点

江苏省扬州市邗江区金槐村——毛绒玩具

江苏省南通市通州区三合口村——床上用品

江苏省常州市武进区省庄村——毛线、营养食品

江苏省苏州市太仓市泰西村——鞋

江苏省南通市通州区塘坊村——床上用品

江苏省连云港市东海县西蔡村——饰品

江苏省苏州市相城区消泾村——大闸蟹

江苏省徐州市睢宁县夏圩村——家具

江苏省徐州市睢宁县兴国村——家具

江苏省苏州市常熟市颜巷村——服装

江苏省宿迁市沭阳县堰下村——花卉

江苏省南通市通州区义成村——床上用品

江苏省苏州市相城区张庄村——家具

江苏省无锡市江阴市长寿村——箱包

江苏省南通市通州区志南村——床上用品

江苏省宿迁市沭阳县周圈村——花卉

江苏省徐州市睢宁县朱庙村——家具

江苏省苏州市相城区庄基村——奶粉、家具

【山东省淘宝村13家】

山东省滨州市博兴县安柴村——草柳编制品

山东省菏泽市曹县丁楼村——演出服饰

山东省菏泽市曹县付海村——数码配件、演出服饰

山东省滨州市博兴县顾家村——手织粗布

山东省菏泽市曹县火神台村——数码配件

山东省菏泽市曹县李八庄村数——码配件、演出服饰

山东省菏泽市曹县刘楼村——演出服饰

山东省滨州市博兴县孟桥村——草柳编制品

山东省滨州市博兴县南陈家村——草柳编制品

山东省菏泽市曹县孙庄村——演出服饰

山东省滨州市博兴县湾头村——草编产品

山东省滨州市博兴县院庄村——草柳编制品

山东省菏泽市曹县张庄村——演出服饰

【四川省淘宝村2家】

四川省成都市郫县林湾村——仓储货架

四川省成都市郫县土地村——女装

【河南省淘宝村 1 家】

河南省焦作市孟州市桑坡村——家电、鞋

【湖北省淘宝村 1 家】

湖北省十堰市郧西县下营村——绿松石

【天津市淘宝村 1 家】

天津市市辖区武清区一街村——自行车及零配件

第 4 章

注册淘宝开启电商之路

了解了网上开店的基本知识后，你是不是也想拥有一间属于自己的淘宝店铺呢？接下来就讲解在淘宝开店的流程和操作过程。本章将以淘宝为例，介绍如何进行会员、支付宝注册和实名认证，为你的网络交易之旅开启大门，为你拿到交易护照，助你一臂之力。

4.1 注册为淘宝网会员

无论是在网上开店还是购物，首先要注册为会员，才能使用网络提供的各种服务。

4.1.1 注册淘宝网会员

注册淘宝会员非常简单，不用花一分钱，只需要根据提示操作即可注册成功。下面就讲解怎样在淘宝网注册会员，具体操作步骤如下。

（1）在浏览器中输入 www.taobao.com，打开淘宝网首页，单击顶部的“免费注册”超链接或者单击页面右侧的“免费注册”按钮，如图 4-1 所示。

图 4-1 淘宝网首页

（2）进入到“淘宝网账户注册”页面，单击底部的“同意协议”按钮，如图 4-2 所示。

（3）输入手机号码，单击“下一步”按钮，如图 4-3 所示。

图 4-2 账户注册

（4）验证手机，输入验证码，单击“确定”按钮，如图 4-4 所示。

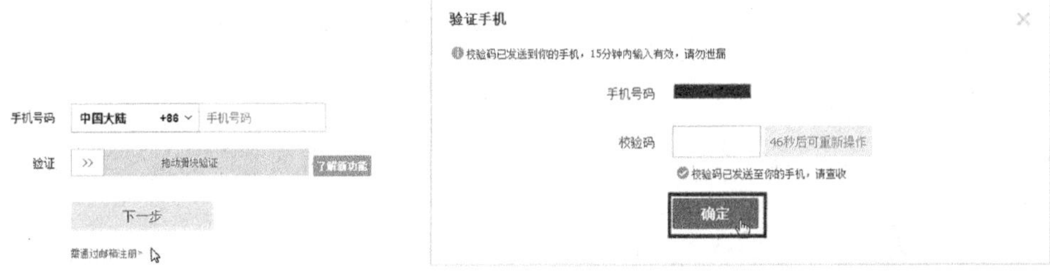

图 4-3 输入手机号码

图 4-4 验证手机

（5）输入“电子邮件”地址，单击“下一步”按钮，如图 4-5 所示。

（6）提示验证邮件已发送到邮箱，单击“立即查收邮件”按钮，如图 4-6 所示。

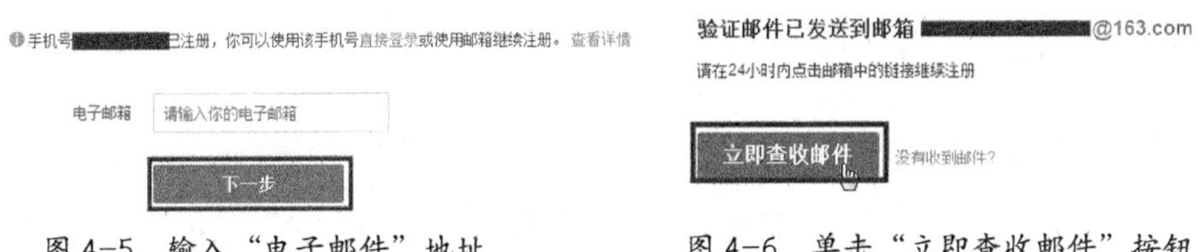

图 4-5 输入“电子邮件”地址

图 4-6 单击“立即查收邮件”按钮

（7）进入到邮箱查看邮件，单击“完成注册”按钮，或者单击下面的超链接完成注册，如图 4-7 所示。

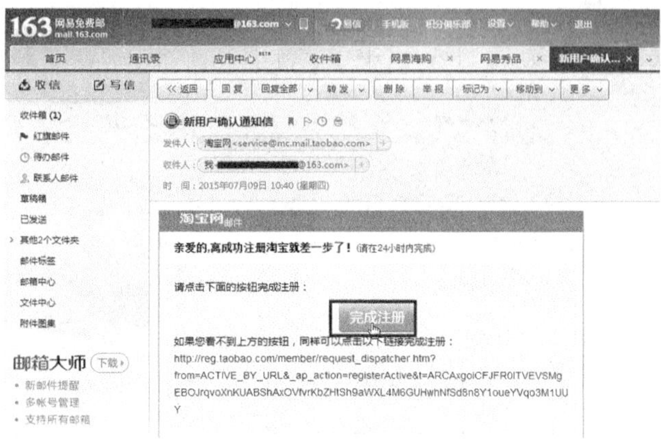

图 4-7 查看邮件

（8）设置登录密码和会员名，单击“确定”按钮，如图 4-8 所示。

（9）提示注册成功，如图 4-9 所示。

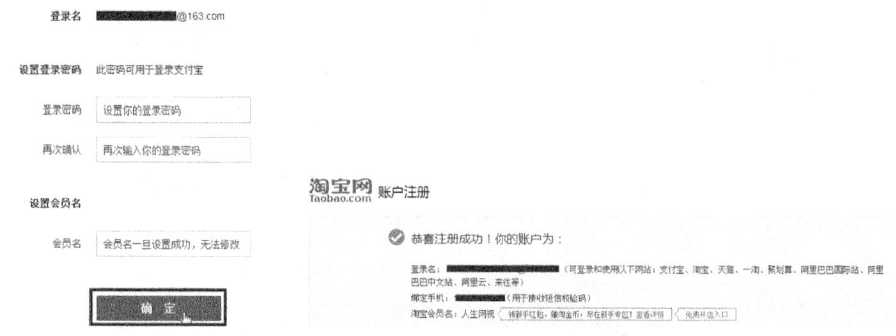

图 4-8 设置登录密码和会员名　　　　图 4-9 注册成功

4.1.2 登录淘宝网

登录淘宝网具体操作步骤如下。

（1）注册成功后就可以登录到淘宝网了，打开浏览器，输入淘宝网址 www.taobao.com，打开淘宝网首页，单击页面顶部的“请登录”超链接或者单击页面右侧的“登录”按钮，如图 4-10 所示。

图 4-10 单击“请登录”超链接或单击“登录”按钮

（2）打开登录界面，输入账号和密码后单击“登录”按钮，如图 4-11 所示。即可登录成功。

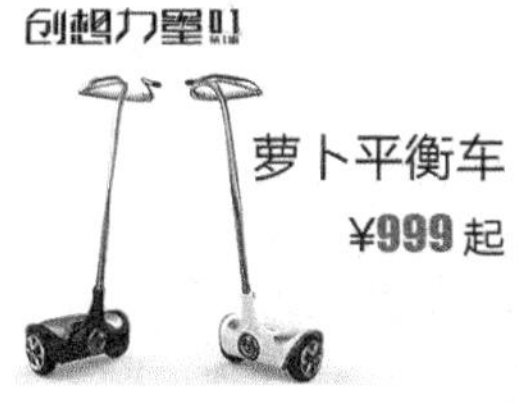

图 4-11 登录

4.2 申请网上银行并为支付宝充值

个人网上银行是指银行通过互联网，为个人客户提供账户查询、转账汇款、投资理财、在线支付等金融服务的网上银行服务。使客户可以足不出户就能够安全便捷地管理活期和定期存款、支票、信用卡及个人投资等。

4.2.1 申请网上银行业务

持本人身份证，银行卡，到开卡银行申请开通个人网上银行，获得电子证书并安装，就可使用。建议备份个人证书，为更换电脑使用。下面以中国工商银行为例讲述申请开通网上银行。

（1）在浏览器中输入中国工商银行网址 www.icbc.com.cn，如图 4-12 所示。

图 4-12 输入工商银行网址

（2）单击左上角“个人网上银行”下面的“注册”超链接，进入到“注册”界面，如图 4-13 所示。填写信息，单击“提交”按钮。

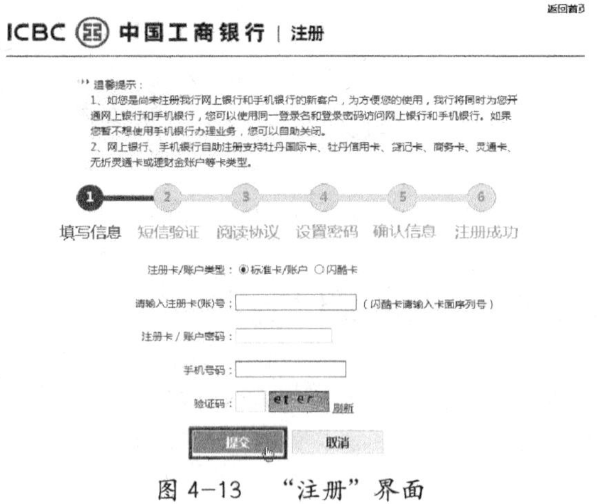

图 4-13 “注册”界面

4.2.2　往支付宝中充值

现在网购已经进入了日常生活，在网购时使用最多的就是支付宝了，支付宝对于我们来说已经不再陌生了，通过支付宝可以对自己的钱进行管理、转账等服务。可以将我们的钱暂时放到支付宝里，用的时候就可以很方便了。下面介绍如何向支付宝里充钱。

（1）在浏览器中输入支付宝网址 https://auth.alipay.com/login/index.htm，并进入到支付宝首页，如图 4-14 所示。

图 4-14　支付宝首页

（2）输入用户名和密码，单击“登录”按钮，即可登录到我的支付宝，如图 4-15 所示。

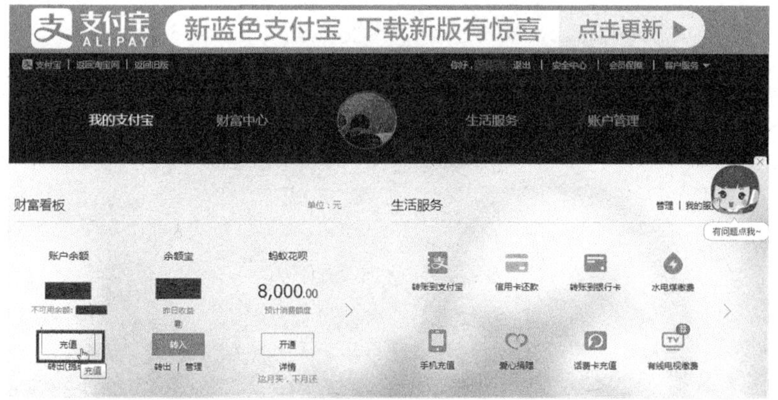

图 4-15　登录到我的支付宝

（3）单击“充值”按钮，进入到“支付宝充值”界面，有三种充值方式储蓄卡、话费卡和充值码，在这里讲述使用储蓄卡网上银行充值，如所示。单击“选择其他”超链接，弹出“支付宝的合作银行”对话框，选择相应的银行，并单击底部的“下一步”按钮，如图 4-17 所示。

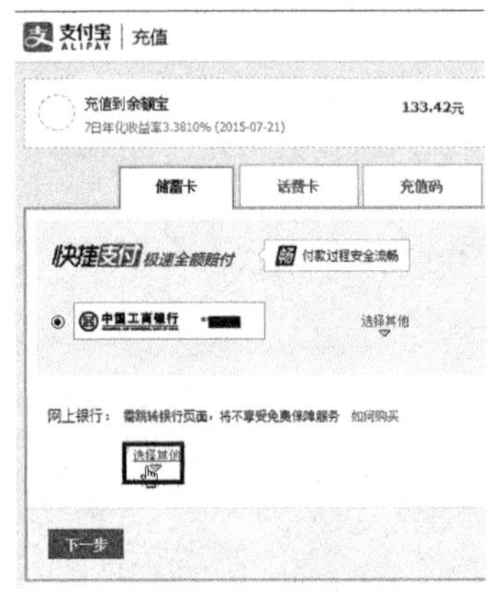

图 4-16 “支付宝充值”界面

图 4-17 选择银行

（4）打开“充值方式”对话框，输入“充值金额”后单击“登录到网上银行充值”按钮，如图 4-18 所示。按照步骤一步步操作即可充值成功。

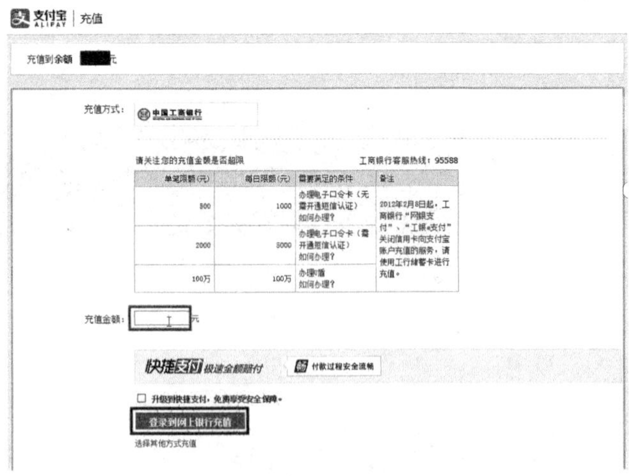

图 4-18 “充值方式”对话框

4.2.3　查询支付宝账户余额

在淘宝买东西需要有支付宝账户，可以从银行卡中将钱转到支付宝，下面讲述查询支付宝账户余额。

（1）登录到淘宝网，进入到“卖家中心”，单击支付宝超链接，如 4-19 所示。

图 4-19　卖家中心

（2）进入到“我的淘宝”界面，单击“已绑定支付宝账户”后面的“进入支付宝”按钮，如图 4-20 所示。

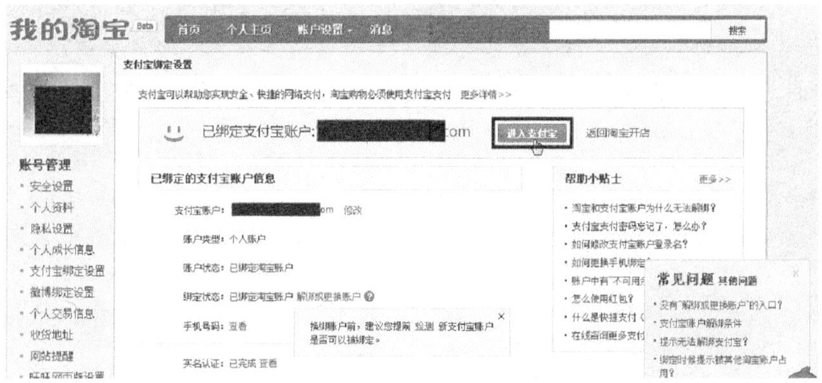

图 4-20　单击“进入支付宝”按钮

（3）进入到“我的支付宝”首页，即可查看到“账户余额”，如图 4-21 所示。

图 4-21 查看到“账户余额”

4.2.4 了解余额宝

余额宝是支付宝打造的余额增值服务。把钱转入余额宝即购买了由天弘基金提供的余额宝货币基金，可获得收益。余额宝内的资金还能随时用于网购支付，灵活提取。

货币型基金的收益并不是固定的，余额宝也是如此，如果货币市场表现不好货币性基金收益也会随之下降，余额宝的收益是来自货币基金市场收益，并非支付宝支付。

2015 年 4 月，天弘基金一季报数据显示，余额宝对接的天弘增利宝货币基金一季度规模再增 1327.88 亿元，达 7117.24 亿元，这也是余额宝规模首次突破 7000 亿元。

受益于余额宝的强势增长，天弘基金公司截至一季末的总规模为 7274.04 亿元，稳坐基金市场头把交椅。此外，余额宝也顺利晋升全球第二大货币基金。

2015 年 6 月 17 日，余额宝公布的数据显示，余额宝的 7 日年化收益率为 3.98%，近两年以来首次跌破 4%。

如图 4-22 和图 4-23 所示为余额宝。

图 4-22　余额宝

图 4-23　余额宝

4.3　设置淘宝会员及支付宝账户密码

淘宝账户安全是非常重要的，设定一个安全可靠的登录密码可以帮助我们顺利地完成网购的第一步。

4.3.1 修改淘宝会员密码

修改淘宝会员密码的具体操作步骤如下。

（1）在浏览器中输入 www.taobao.com，进入到淘宝网首页，单击右侧的“登录”按钮，如图 4-24 所示。

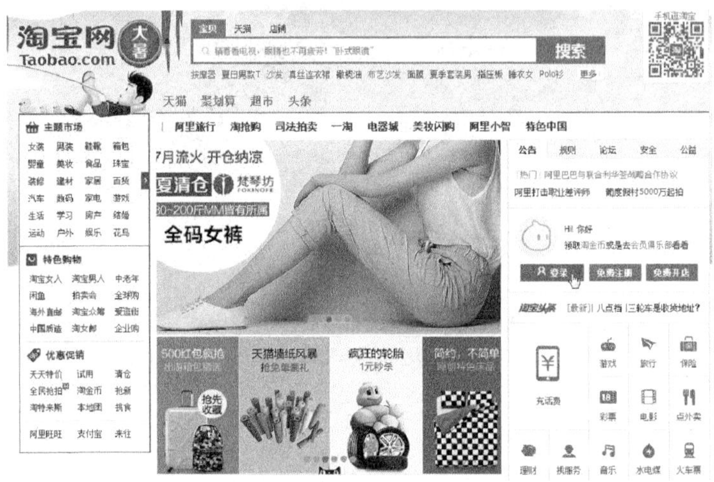

图 4-24 淘宝网首页

（2）打开如图 4-25 所示的登录页面，输入用户名和密码，单击“登录”按钮。

图 4-25 登录淘宝网

（3）将鼠标光标放置在左上角淘宝用户名上，会自动出现如图 4-26 所示的对话框。

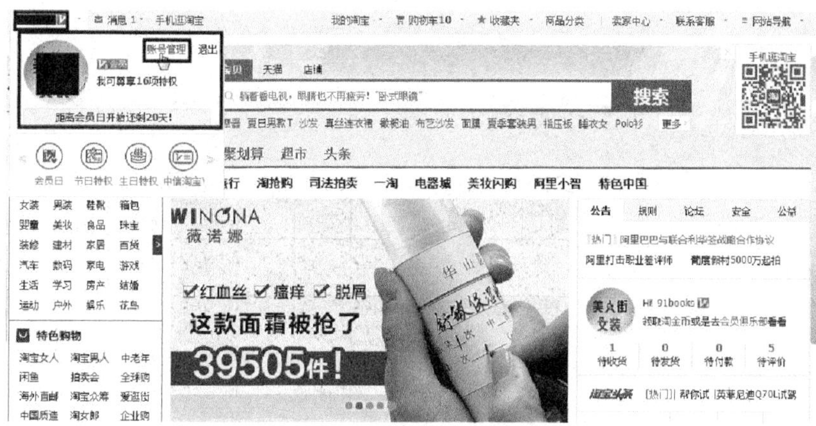

图 4-26 单击“账号管理”超链接

（4）进入到“我的淘宝”界面，单击“登录密码”后面的“修改”超链接，如图 4-27 所示。

（5）这里有“通过邮箱验证码”“通过安保问题”“通过手机验证码”“通过快捷支付银行卡验证”和“通过人工服务”5 种验证身份方式，可以任选其一，如图 4-28 所示。以下以“通过邮箱验证”为例进行讲解。

图 4-27 单击“修改”超链接

图 4-28　验证身份

（6）单击“通过邮箱验证码”后面的“立即验证”按钮，打开“身份验证”界面，提示“正在使用邮箱验证码验证身份，请完成以下操作”，如图 4-29 所示。

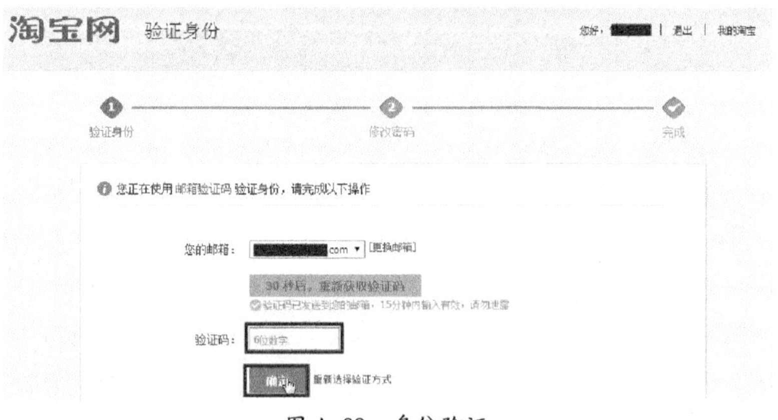

图 4-29　身份验证

（7）打开“修改密码”界面，输入“当前密码”、“新的登录密码”和“确认新的登录密码”，如图 4-30 所示。单击“确定”按钮，即可成功修改密码。

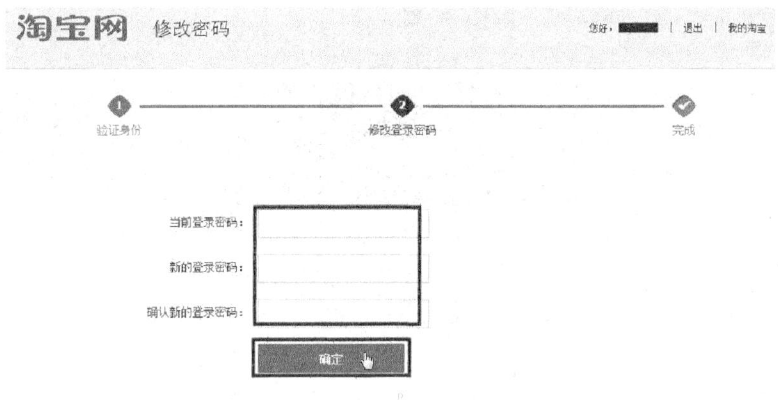

图 4-30 修改密码

4.3.2 修改支付宝密码

淘宝网是我们平时经常使用的一个购物类网站，淘宝网俨然已经成为生活中不可或缺的一部分，当我们使用淘宝网购物的时候，需要使用支付宝进行支付操作，支付宝支付密码最好定期进行修改，这样比较安全。

（1）打开支付宝首页 https://auth.alipay.com/login/index.htm，如图 4-31 所示。

图 4-31 支付宝首页

（2）输入“用户名”和“密码”，单击“登录”按钮即可登录到支付宝，单击顶部的“安全中心”超链接，如图 4-32 所示。

图 4-32 登录到支付宝

（3）进入到“安全中心”界面，切换至“保护账户安全”选项卡，单击“登录密码”后面的“重置”超链接，如图 4-33 所示。

图 4-33 安全中心

（4）输入“当前登录密码”“新登录密码”和“确认登录密码”，单击“确定”按钮即可修改成功，如图 4-34 所示。

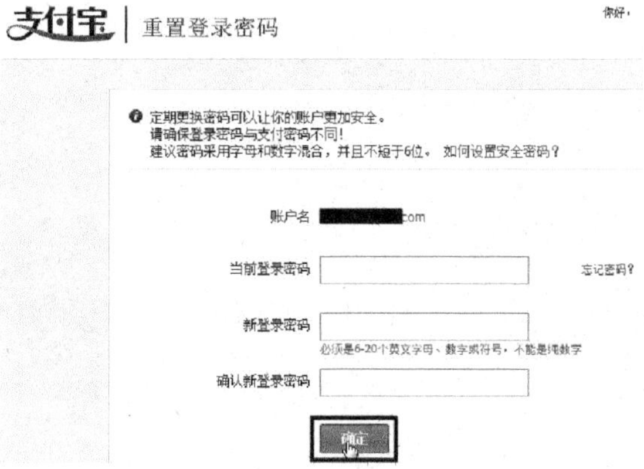

支付宝 | 重置登录密码

你好，

定期更换密码可以让你的账户更加安全。
请确保登录密码与支付密码不同！
建议密码采用字母和数字混合，并且不短于6位。 如何设置安全密码？

账户名 .com

当前登录密码 忘记密码？

新登录密码
必须是6-20个英文字母、数字或符号，不能是纯数字

确认新登录密码

确定

图 4-34 修改支付宝登录密码

第 5 章

淘宝网店日常运营管理

了解了网上开店的前期工作后，你是不是也想拥有一间属于自己的网络店铺呢？接下来就讲解在淘宝开店的流程和操作过程。网店日常运营管理，包含留言管理、商品管理、交易管理、评价管理、纠纷管理等，本章将具体讲述其操作方法。

5.1 商品资料的学习

商品资料包括商品规格、商品特性、使用方法、商品保养与售后服务等。

5.1.1 商品规格

规格是指产品的物理性状，一般包括体积、长度、性状、重量等。有些同一系列的商品会包含多种规格，如服饰类的商品颜色、尺码，数码产品的容量、配置等。对于这类商品，在发布时就需要提供详细的规格，以便于买家选购。

1. 按大小区分规格

服装相对来说比较复杂，按照传统的XS、S、M、L、XL、XXL来区分，上述尺码依次代表加小号、小号、中号、大号、加大号、加加大号，如图5-1所示。一般来讲，设计师会根据服装穿着的目标人群分析，找出其中最常见的体型来确定M（中号）的尺码大小，即所谓的均码，在这个基础上再来缩放成其他的尺码。

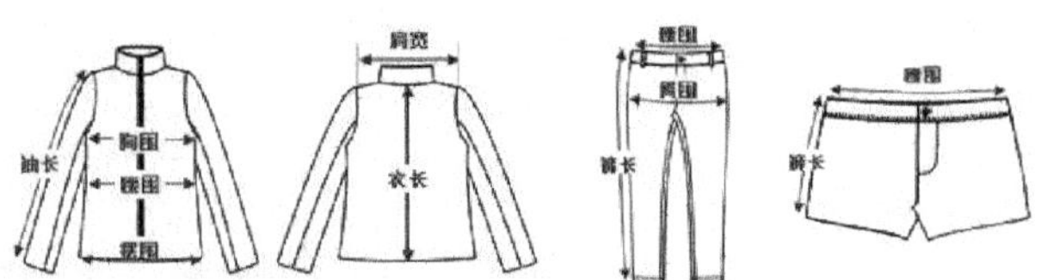

尺寸	上衣长	胸围	肩宽	短裤长	腰围	臀围
S	58	82	32	28	66	76
M	59	86	33	29	70	80
L	60	90	34	30	74	84
XL	61	94	35	31	78	88
XXL	62	98	36	32	82	92

温馨提示：因是手工测量 会存在2-3cm误差 测量单位为CM

图5-1 衣服尺码

鞋子按脚的长短来确定尺码，一般女鞋的35、36、37码属于常见尺码，38、39码属于偏大的码数；男鞋40-42属于常见的尺码，小于或大于这个范围的尺码属于偏小或者偏大。鞋子尺码对照表如图 5-2 所示。

内长测量方法

1.找一双平时合脚的鞋，将鞋垫取出。
2.测量鞋垫A点到B点的长度即为脚长。

尺码对照

鞋子尺码	35/225	36/230	37/235	38/240	39/245
鞋子内长（单位：CM）	22cm	22.5cm	23cm	23.5cm	24cm

手工测量：+-0.3误差属正常

图 5-2　鞋子尺码对照表

内衣是以下胸围和罩杯大小来区分规格的，例如 70A、70B、80B、80C 等，这里的 70、80 是指下胸围，A、B、C 是指罩杯的型号。胸衣尺码表如图 5-3 所示。

产品尺码表 THE SIZE　无钢圈运动文胸 选购尺码标准

规格	适合胸部下围	按照平时文胸尺码换算
S	65-75CM	70A/32A 70B/32B 70C/32C
M	75-80CM	70D/32D 75A/34A 75B/34B 75C/34C 75D/34D 80A/36A 80B/36B
L	80-85CM	80C/36C 80D/36D 85A/38A 85B/38B
XL	85-95CM	85C/38C 85D/38D 90A/40A
XXL	95-100CM	90B/40B 90C/40C 90D/40D 95A/42A 95B/42B
XXXL	100-110CM	95C/42C 95D/42D 100A/44A 100B/44B 100C/44C 100D/44D

亲，请对照尺码表购买产品，不清楚可以咨询客服/ 建议：手洗时取出胸垫

图 5-3　胸衣尺码表

2. 按重量区分规格

食品类、茶叶类商品都是用重量单位克、公斤来区分规格。在商品的外包装上，区分规格的重量单位“克”经常用英文字母“g”来表示，单位“公斤”用英文字母“kg”表示。如 100g 豆腐干、200g 茶叶、30kg 大米。如图 5-4 所示的食品是按克为计算单位的。

3. 按容量来区分规格

液体的饮料、油、护肤类商品都是用容量单位升、毫升表示，外包装上的“ml”

表示容量单位“毫升”，“L”表示容量单位“升”。例如 500ml 的白酒、5L 的食用油、100ml 的香水，如图 5-5 所示。

图 5-4 按克计算

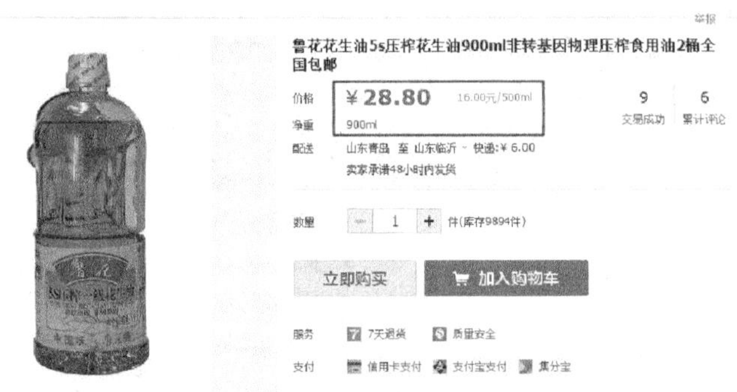

图 5-5 食用油按容量来区分

4. 按长度来区分规格

网线、布料、花边等商品是采用长度单位米、厘米来区分规格的，长度单位“米”“厘米”在外包装上通常是以“m”“cm”表示，一般长度越长价格越贵。如图 5-6 所示。

除此以外，商品的规格区分还有其他的计量单位，例如，地板按平方米（m^2）计算价格、木材按立方米（m^3）计算价格、电脑是按配置计算价格，更多的商品是按件数、个数为规格计算价格，甚至有的同款商品不同颜色因为热销程度不同价格也会有所不同。

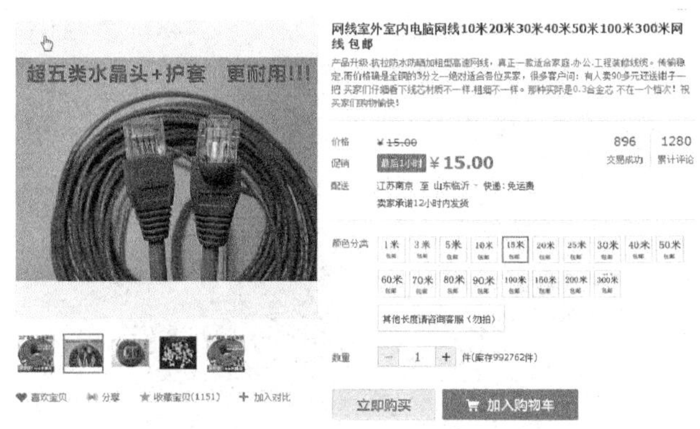

图 5-6　按长度来区分规格

5.1.2　商品特性

商品特性是客服人员必须掌握的基本知识，因为了解商品特性是成功销售的基础，也是打动顾客和体现专业性最重要的一个努力方向。了解产品才能更好地介绍和推销产品，顾客对商品是否接受很大程度取决于客服人员介绍的水平。

1. 商品的性质

要了解商品的材质构成、大小规格、适用范围等，知道了这些商品特性才能回答顾客的简单提问，最基本的问题才能对答如流。

2. 商品的特点

商品的特点在一定程度上代表了与同类商品相比较的优势，例如绿色食品、土特产、没有污染等。如图5-7所示为土特产商品详情。

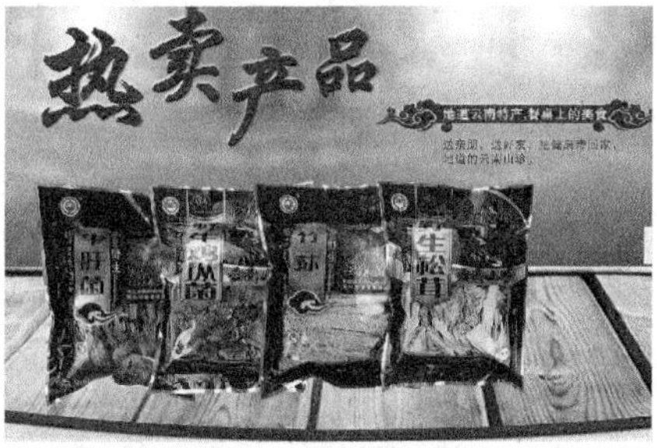

图 5-7　土特产

3. 商品的利益

如果商品的优势不能有效地转化为顾客的利益，那么，在销售的时候顾客就不会轻易地被打动，因为顾客购买商品是为了满足自己的某一个需求。

5.1.3　使用安装方法

店主可以用文字说明的方式来介绍商品的使用安装方法，这样在页面显示的方式不仅可以直接让顾客在购买商品之前就先了解使用方法，而且还可以方便自己随时查阅，一旦有顾客询问使用方法的时候，可以直接复制、粘贴给顾客看，也等于让自己再熟悉一次，如图 5-8 所示。

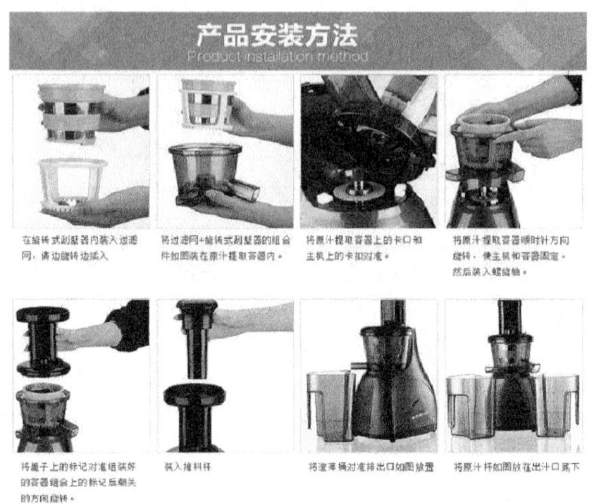

图 5-8　使用安装方法

不管是用哪一种方式来了解商品的使用方法，最重要的是要接触过商品，仔细地看过、研究过，甚至动手尝试过，因为亲身的经历又比图片的印象深刻许多，可以长时间地保存在我们的记忆里。

5.2　商品发布

当已经通过淘宝网卖家认证后，接下来，要做的就是发布自己的商品了，店铺里面有商品，才可以开张。发布商品的要求：

（1）按照发布环节中的要求填写符合条件的发布信息；

（2）卖家必须支持支付宝交易；

（3）所发布的商品必须遵守淘宝规则。

5.2.1　商品发布流程

目前在淘宝发布宝贝有三种方式：发布一口价商品、发布拍卖商品、发布闲置商品。

淘宝店开起来了，可是如何来发布宝贝呢？首先你是卖家并且提交保证金之后才可发布全新宝贝。在淘宝网上发布商品的具体操作步骤如下。

（1）登录我的淘宝，单击顶部的“卖家中心”超链接，进入到卖家中心，单击“宝贝管理”下面的“发布宝贝”超链接，如图 5-9 所示。

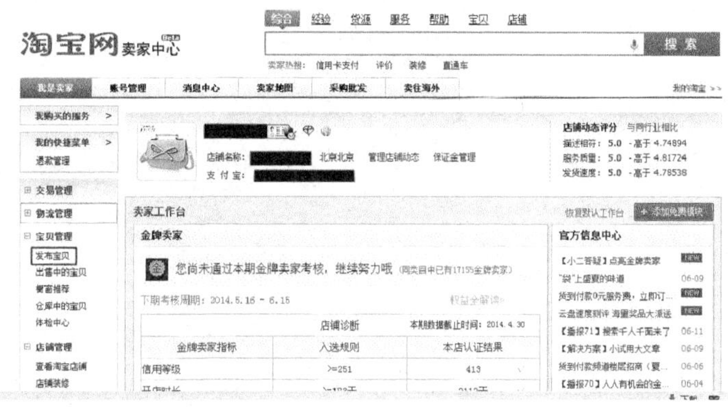

图 5-9　卖家中心

（2）打开发布宝贝页面，在该页面有类目，必须选择合适的类目来发布宝贝，单击“我已阅读以下规则，现在发布宝贝”超链接，如图 5-10 所示。

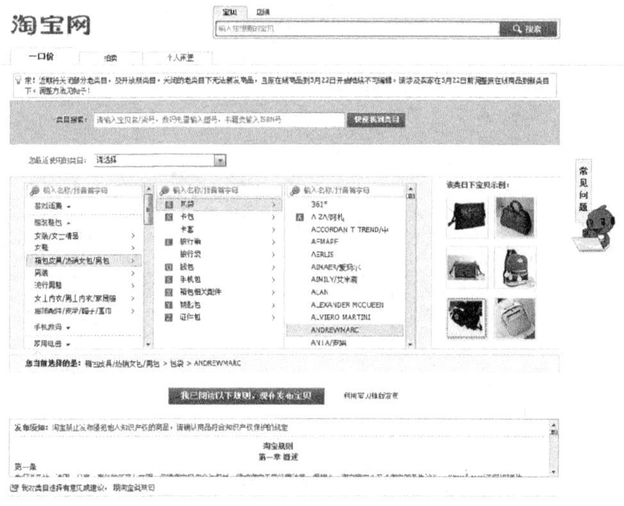

图 5-10　发布宝贝页面

（3）在打开的网页中，输入宝贝的基本信息，如图 5-11 所示。

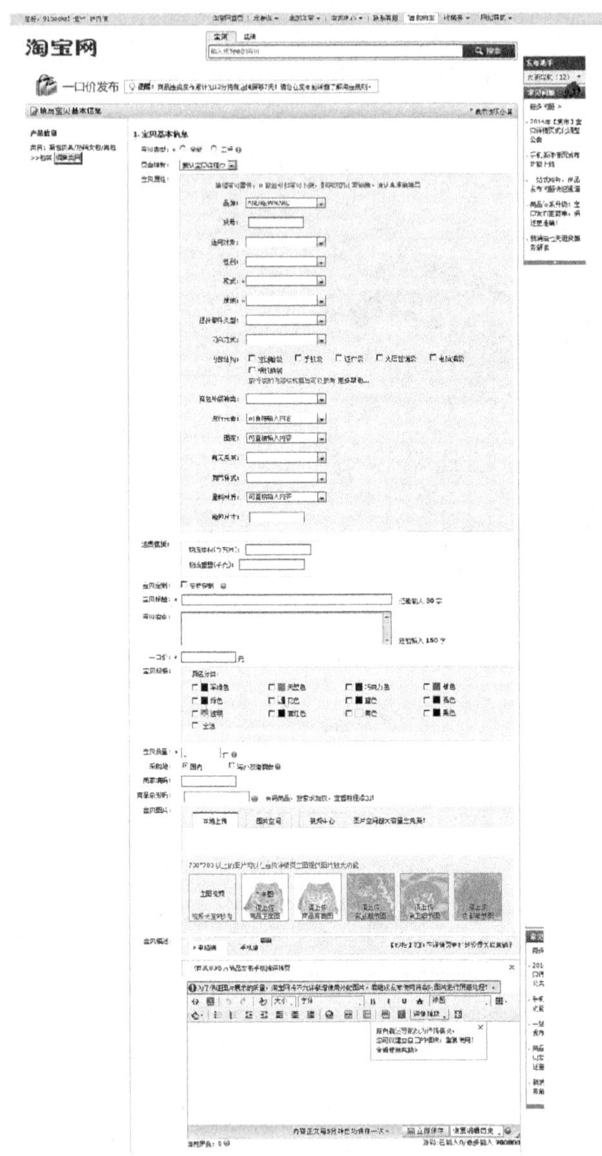

图 5-11 输入基本信息

（4）在宝贝物流信息中输入宝贝所在地和运费信息，如图 5-12 所示。

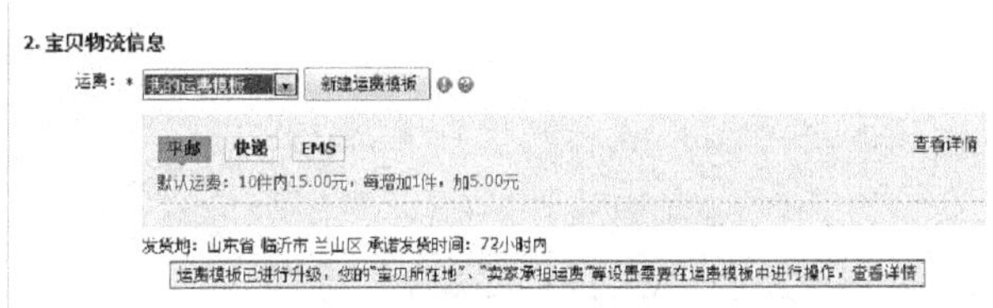

图 5-12 输入宝贝所在地和运费信息

（5）输入售后保障信息和一些其他信息，有没有发票要填好，不然售后买家找麻烦，有没有保修也说明，然后就是开始时间以及橱窗推荐，如图 5-13 所示。

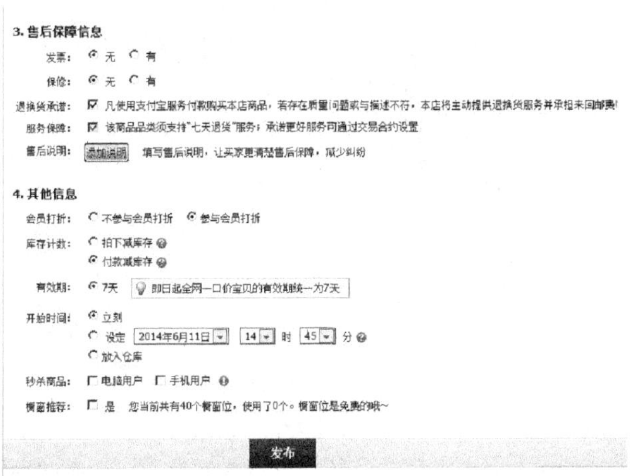

图 5-13 输入售后保障信息和一些其他信息

（6）单击“发布”按钮，即可成功发布商品，如图 5-14 所示。

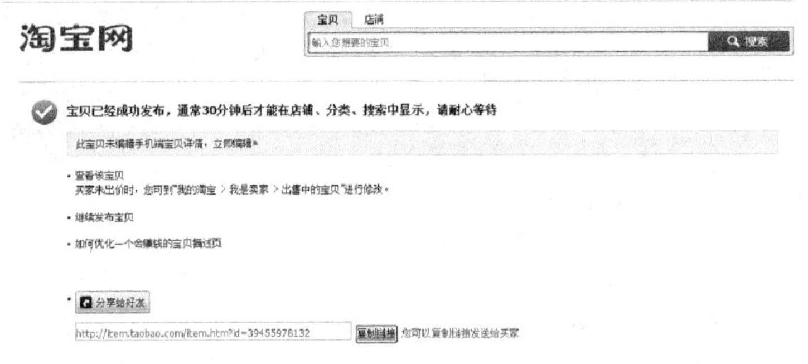

图 5-14 成功发布商品

5.2.2 商品名称

大家都知道买家买东西是通过关键词来搜索宝贝的，那么宝贝关键词的设置就显得尤为重要。只有设置的关键词和买家的搜索习惯吻合时，你的宝贝被搜索到的概率才会更大，才会使你的宝贝被更多的曝光，促进更多的交易。

然而，怎样设置关键词才能让宝贝被搜索到的概率更大呢？ 关键词越多越好，说不准哪一个和买家用来搜索的关键词一样，这样宝贝的曝光概率就大了。如图 5-15 所示为商品标题关键字的设置。

图 5-15 设置关键词

有了有效的关键词之后，接下来要考虑的当然是商品标题了。好的宝贝标题可以吸引买家来点击，这就无形地宣传了你的店铺。怎么设置宝贝标题才是好的呢？一个完整的宝贝标题应该包括 3 个部分。

第一部分是“商品名称”，这部分要让客户一眼就能够明白这是什么东西。

第二部分是由一些“感官词”组成，感官词在很大程度上可以增加买家打开你的宝贝链接的兴趣。

第三部分是由“优化词”组成的，你可以使用与产品相关的优化词来提高宝贝被搜索到的概率。

这里举一个宝贝标题的例子来说明，例如，“【热销万件】2015 冬季新款男士短款鸭绒外套 正品羽绒服”，这个词会让客户产生对产品的信赖感。“鸭绒外套”、“男装”、“羽绒服”这 3 个词是优化词，它能够让你的潜在客户更容易找到宝贝。

在宝贝标题中，感官词和优化词是增加搜索量和点击量的重要组成部分，但也不是非要出现的，唯独商品名称是雷打不动的，必须要描述出你的产品名称。

5.2.3 商品图片

相信大家都知道，最吸引买家眼球的就是宝贝的图片。好的图片是吸引买家看你的商品的最直接的因素，好的图片会起到事半功倍的效果。当然，图片也不要太失真，切忌不要太夸大了自己宝贝的好处，以免引起不必要的纠纷。

那么，什么样的图片才能被称之为是一张好的图片呢？

第一，要保证图片清晰，能够一目了然，看清楚宝贝是什么，如果一张图片模模糊糊，都看不清宝贝是什么，还会激起谁的购买欲呢？如图 5-16 所示为清晰的图片。

第二，最好在宝贝图片上加一些细节的图片，如图 5-17 所示为宝贝细节图片。这样能够更好的展示宝贝，让买家从更多方面了解宝贝，激起购买的欲望，反之，宝贝就是一张图片，买家了解得少，怎么敢出手买呢？

图 5-16 清晰的图片

图 5-17 宝贝细节图片

第三，如果条件允许，最好有真人模特实拍，这样宝贝的各个方面都会被展示出来，真人的效果往那儿一摆，还有谁会怀疑你的商品呢？ 如图 5-18 所示。

图 5-18　真人模特实拍

第四，宝贝的水印，为了防止他人盗用我们辛苦拍下的照片，一定要加上自己的水印，但是水印切忌过大，否则会遮住宝贝，结果就事倍功半了。合适的水印如图 5-19 所示。

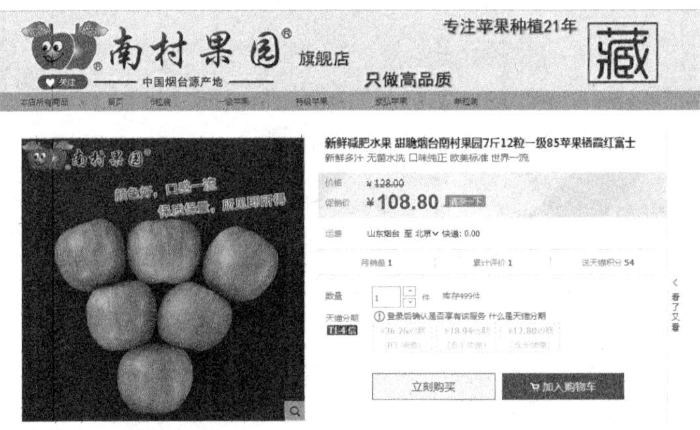

图 5-19　宝贝的水印

第五，也是大家要注意的一点，宝贝拍照一定要选晴天、有阳光的天气，这样的光线是最适合照相，大家要注意。

5.2.4　商品描述

淘宝商品描述是很多卖家所忽略的，经常在淘宝一些店铺看到一些卖家的商品描述只是草草描述了一下，其实商品描述直接关系到成交率的。

下面是撰写商品描述的步骤。

1. 做一个精美的商品描述模板

首先最好有一个精美的商品描述模板，商品描述模板可以自己设计，也可以在淘宝上购买，还可以从网上下载一些免费的商品描述模板。精美的模板除了让买家知道掌柜在用心经营店铺外，还可以对宝贝起到衬托作用，促进商品的销售，如图 5-20 所示。

图 5-20 精美的商品描述模板

2. 吸引人的开头，快速激发客户的兴趣

商品描述的开头的作用是吸引买家的注意力，立刻唤起他们的兴趣，给他们一个非得继续看下去不可的感觉。不管写什么样的产品描述，必须首先了解你的潜在客户的需求。了解他们在想什么，找到吸引他们感兴趣的东西，看看怎么把你的产品和他们的兴趣联系在一起。如图5-21所示的商品描述开头显示了聚划算的促销信息，吸引买家注意。

图5-21 吸引人的开头

3. 突出卖点，给顾客一个购买的理由

找到并附加一些产品的卖点，加以放大。挖掘并突出卖点，很多产品细节与卖点是需要挖掘的。每个卖点都是对买家说服力增加的砝码。你的商品描述能够吸引买家的卖点越多，就会越成功。如图5-22所示的是在描述中突出年中大促的促销卖点。

图 5-22 突出卖点

5.2.5 其他信息

其他信息包含一些，如图 5-23 所示。

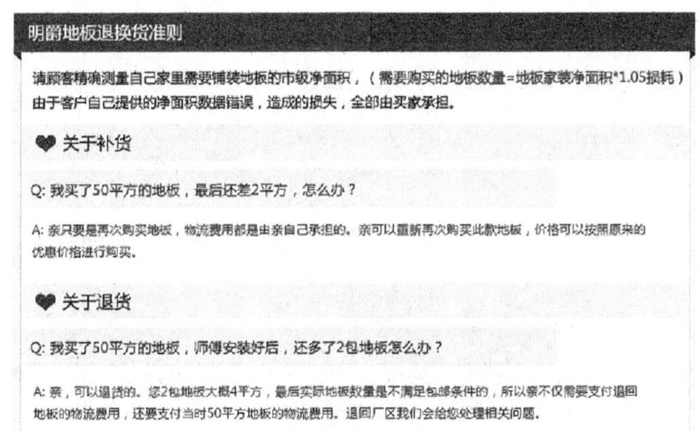

明爵地板退换货准则

请顾客精确测量自己家里需要铺装地板的市级净面积，（需要购买的地板数量=地板家装净面积*1.05损耗）由于客户自己提供的净面积数据错误，造成的损失，全部由买家承担。

关于补货

Q: 我买了50平方的地板，最后还差2平方，怎么办？

A: 亲只要是再次购买地板，物流费用都是由亲自己承担的。亲可以重新再次购买此款地板，价格可以按照原来的优惠价格进行购买。

关于退货

Q: 我买了50平方的地板，师傅安装好后，还多了2包地板怎么办？

A: 亲，可以退货的。您2包地板大概4平方，最后实际地板数量是不满足包邮条件的，所以亲不仅需要支付退回地板的物流费用，还要支付当时50平方地板的物流费用。退回厂区我们会给您处理相关问题。

图 5-23 退换货说明

衣服还会有尺寸测量示意图和洗涤说明，如图 5-24 所示。

有些卖家还会有热卖推荐，如图 5-25 所示。

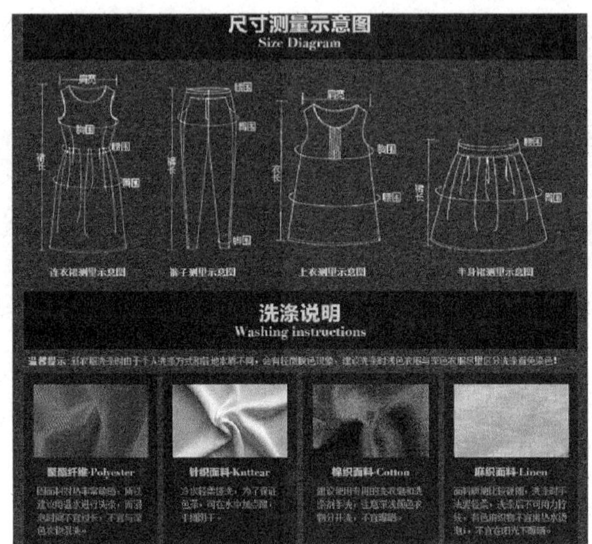

图 5-24 尺寸测量示意图和洗涤说明

图 5-25 热卖推荐

5.3 店铺设置

创建了店铺，首先需要操作的就是设置店铺的基本信息，就相当于是你的店铺简介，店铺基本信息有：店铺名称、店铺标志、店铺简介、联系地址、店铺介绍、主要货源等。

5.3.1 基本设置

设置店铺基本信息具体操作步骤如下。

（1）登录到淘宝网，单击顶部的“卖家中心”超链接，如图 5-26 所示。

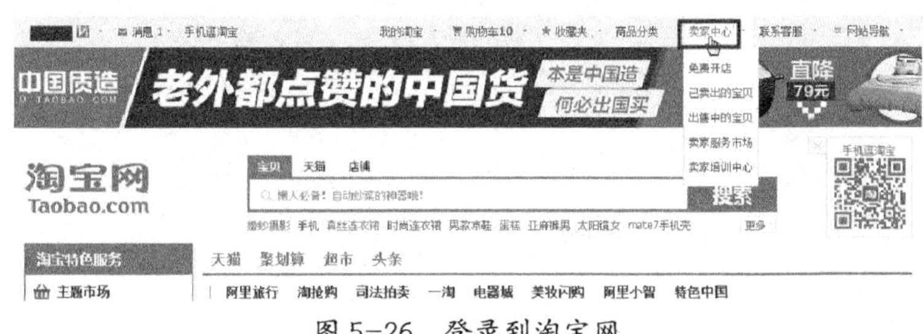

图 5-26 登录到淘宝网

（2）进入“卖家中心”后，在左侧栏中的“店铺管理”单击“店铺基本设置”超链接，如图 5-27 所示。

图 5-27 单击“店铺基本设置”

（3）单击进入，这里“店铺基本设置”主要包括店铺名称、店铺标志、店铺简介、联系地址、店铺介绍、主要货源等信息，如图 5-28 所示。

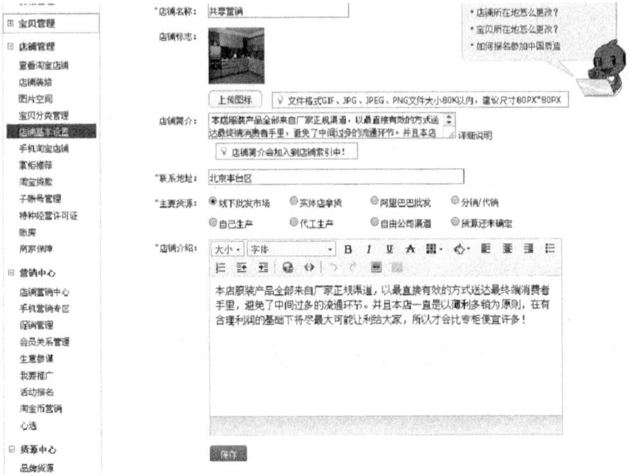

图 5-28 店铺基本设置

5.3.2 宝贝管理

宝贝发布后，还可以进行标题、价格等管理，宝贝管理具体操作步骤如下。

（1）登录到淘宝网，进入到“卖家中心”，单击“宝贝管理”下面的“出售中的宝贝”超链接，如图 5-29 所示。

图 5-29 单击“出售中的宝贝”超链接

（2）单击标题后面的（编辑宝贝标题）按钮，可以编辑宝贝标题，如图 5-30 所示。

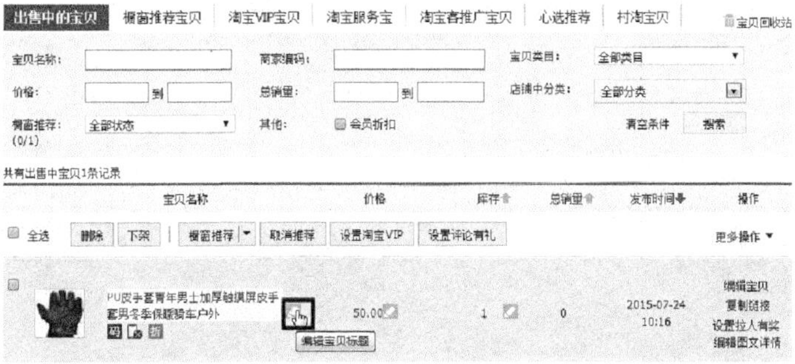

图 5-30 编辑宝贝标题

（3）单击价格后面的（编辑价格）按钮，可以编辑宝贝价格，如图 5-31 所示。

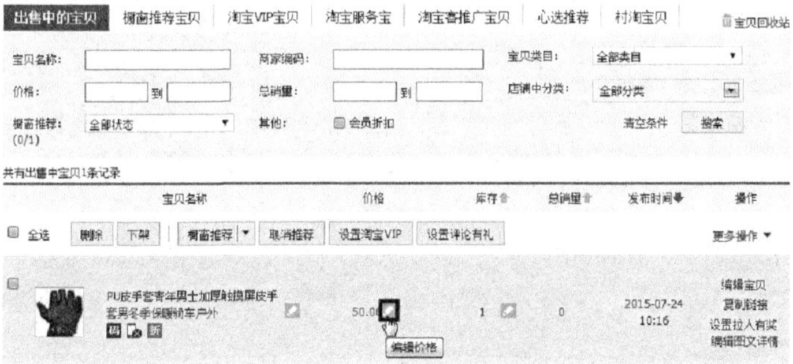

图 5-31 编辑宝贝价格

（4）单击库存后面的（编辑库存）按钮，可以编辑宝贝库存，如图 5-32 所示。

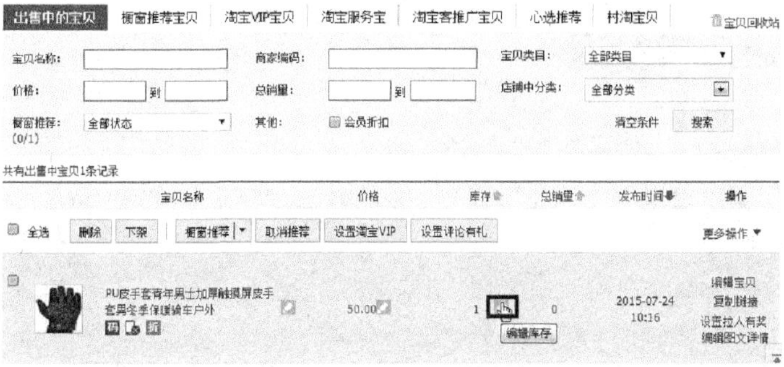

图 5-32 编辑宝贝库存

（5）单击“编辑宝贝”超链接，进入宝贝后台，管理修改更多信息，如图 5-33 所示。

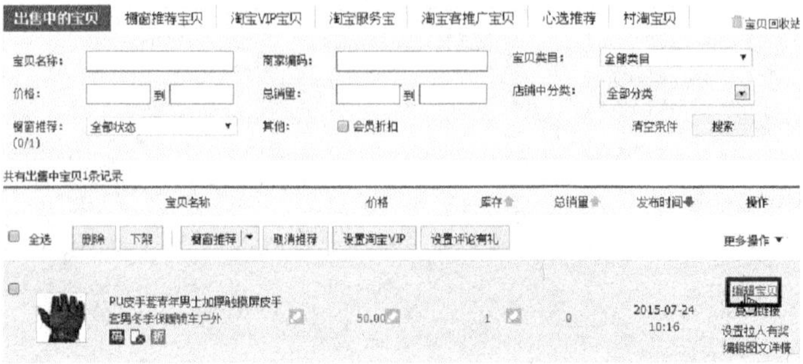

图 5-33　单击“编辑宝贝”超链接

（6）单击“复制链接”超链接，可以复制宝贝链接，如图 5-34 所示。

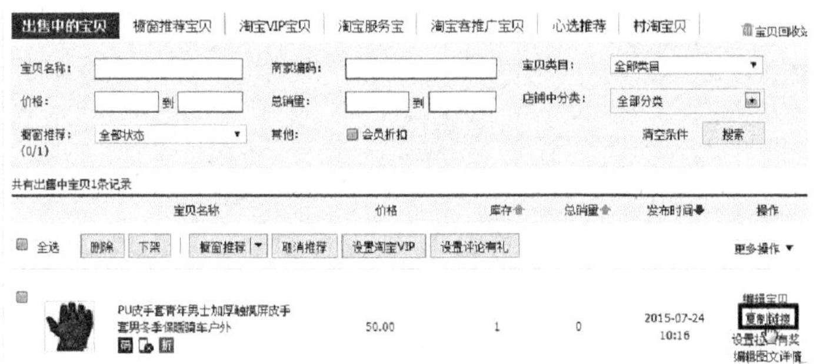

图 5-34　复制链接

5.4　网店日常管理

在出售商品的过程中，经常会涉及讨价还价、发货方式等问题，因此仅与买家交流还不够，还需要学会修改交易价格、选择物流发货和给买家评价。

5.4.1　交易管理

网上卖东西和实体店一样，经常会遇到讨价还价的买家，这时可以修改最初设定的一口价，从而完成宝贝的交易过程，具体操作步骤如下。

（1）登录“我的淘宝”，进入卖家中心，单击“已卖出的宝贝”超链接，如图 5-35 所示。

图 5-35 单击“已卖出的宝贝”超链接

（2）进入如图 5-36 所示的已卖出的宝贝页面，单击宝贝后面价格下面边的“修改价格”超链接。

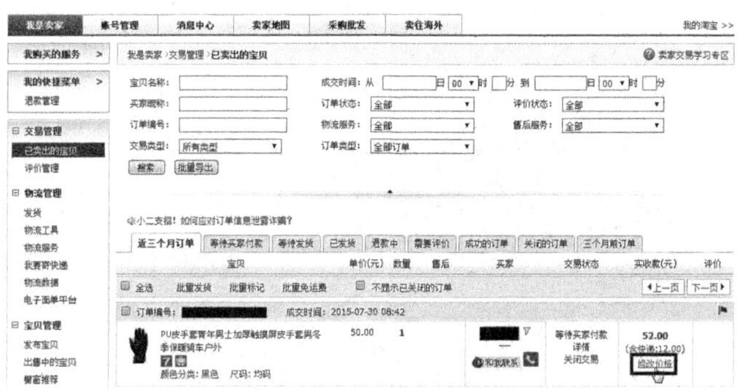

图 5-36 已卖出的宝贝页面

（3）在弹出的列表框中修改宝贝的一口价，如图 5-37 所示。

图 5-37 输入修改价格

（4）单击“确定”按钮，即可成功修改宝贝价格，如图 5-38 所示。

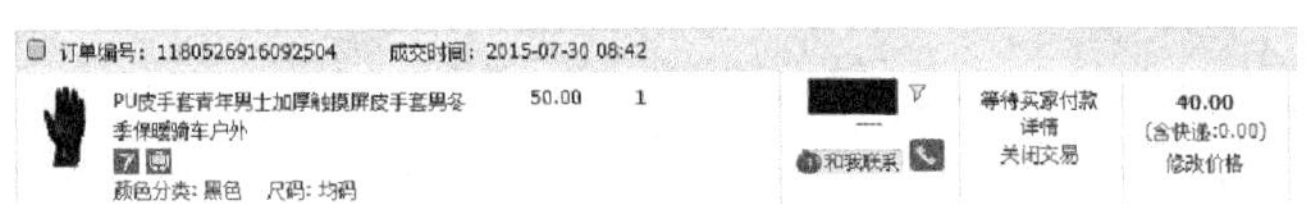

图 5-38 成功修改宝贝价格

（5）此时等待买家付款后，进入已卖出的宝贝页面，可以看到交易状态显示“买家已付款”“发货”按钮，如图 5-39 所示。

图 5-39 已卖出的宝贝页面

（6）单击需要发货的商品后面的“发货”按钮，进入确认收货信息及交易详情页面，如图 5-40 所示。

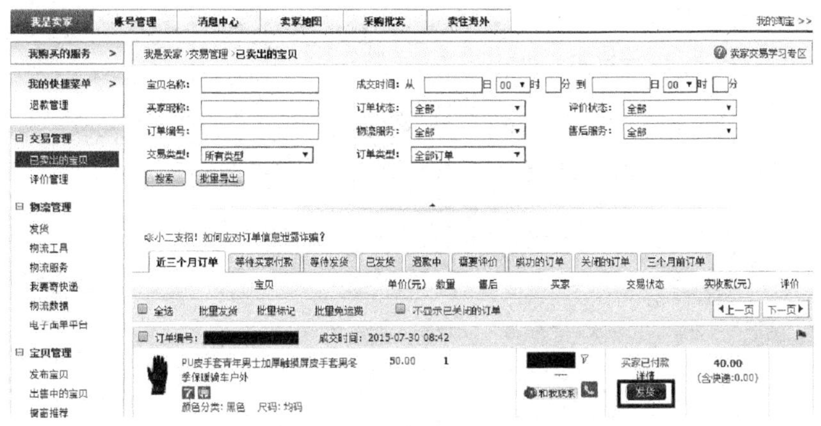

图 5-40 确认收货信息及交易详情页面

（7）确认完毕后，选择想要的物流公司，单击“确定”按钮，即可成功发送货物，也可以选择“无需物流”，如图 5-41 所示。

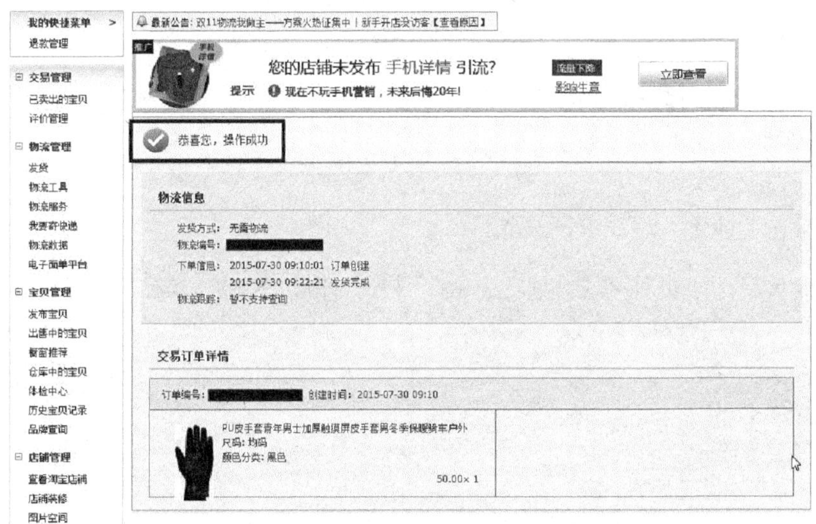

图 5-41 成功发送货物

5.4.2 评价管理

淘宝网会员在个人交易平台使用支付宝服务成功完成每一笔交易后，双方均有权对对方交易的情况进行评价，这个评价亦称为信用评价。买家收到货将货款支付给卖家后，卖家应及时对买家做出评价。

（1）登录淘宝进入卖家中心，单击“交易管理”下的“已卖出的宝贝”超链接，打开已卖出的宝贝页面，可以看到对方已经评价，如图5-42所示。

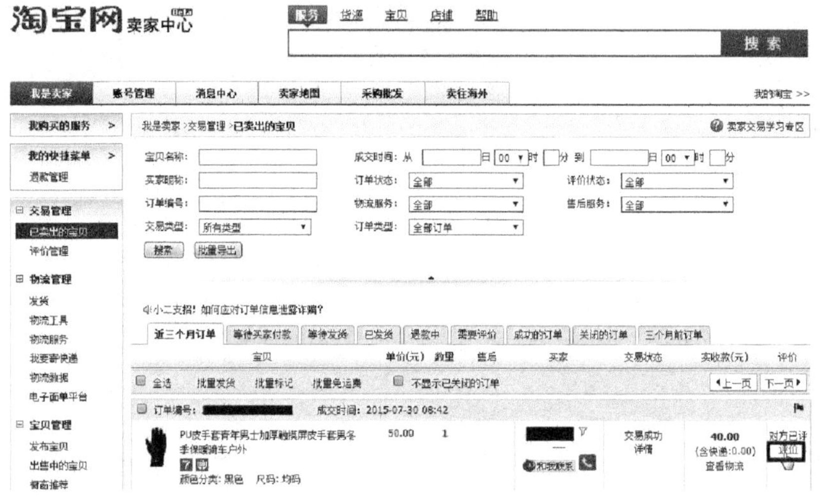

图5-42 对方已经评价

（2）单击“评价”超链接，进入评价页面，如图5-43所示。

（3）输入评价内容后，单击“提交评论”按钮，即可成功评价商品，如图5-44所示。

图5-43 评价页面

图5-44 成功评价商品

5.4.3 纠纷管理

当交易出现纠纷，采取积极主动地方法来处理问题往往可以息事宁人，并且还可能获得买家的赞誉。而加入到消费者保障计划的卖家需要更加重视这一点，如果没有很好地处理交易纠纷，淘宝网可能会使用冻结的保证金来对买家进行先行赔付。

容易退货是对顾客购买动机影响力最大的因素，甚至超过了服务和商品选择。因此卖家应该清楚明白地告诉消费者，什么样的条件下可以退货，往返运输费用由谁来承担，否则顾客会因为不清楚退换货的条件而犹豫是否购买。

买家要求退货，通常有 3 种情况：第一是商品有缺陷，存在质量问题；第二是商品本身质量完好，但是商品过时，技术落伍，顾客后来反悔了，特别是衣服类的商品，常常是买家收到之后，以“我不喜欢，款式不是图片上的”等理由来要求退货；第三是在质量保证期或维修期内被退回，要求更换或者维修。

退货已是每个商家必须面对的一个重要问题。那么商家应该如何预防退货，使得退货损失最小化呢？

1. 制定合理的退货政策

对于退货条件、退货手续、退货价格、退货比率、退货费用分摊、退货货款回收等方面以及违约责任应制定一系列标准，利用一系列约束条件平衡由此产生的成本和收益。

2. 加强验货

在进货等各个环节要加强验货，以确保尽可能在商品未发给买家前发现商品上的诸多缺陷。

3. 引入信息化管理系统

现在管理基本是依靠手工和大脑，无法准确、实时地把握商品管理的每个细节。在淘宝网，专业化的或者说皇冠以上的卖家都引进了客户管理系统，只要买家报上他的名字或者会员名，就可以查看他具体的消费情况，现在很多皇冠级卖家都有自己的自动化退换货系统。

4. 采取“少进勤添”的进货方式，提高进货质量并把握好进货种类

加强每日销量的预测，不要一次进太多的产品，合理高效地安排供应货，少进勤添，以减少盲目进货，千万不要贪图进货量大就可以得到便宜的价格，如果销售不出去，资金就周转不了，那就更加困难了。

第 6 章

网店推广方式

同样的开网店为什么有的日进万金，而有的却又门可罗雀呢？酒香不怕巷子深的年代过去了，有好的商品也必须要推广才能有生意。网店推广的目的在于让尽可能多的潜在用户了解并访问网店，通过网店获得有关商品和服务等信息，为最终形成购买决策提供支持，促成更多生意。

6.1 网店营销策略分析

有时会有新手卖家在抱怨，怎么推广几个月了还没有什么效果。遇到这样的问题，新手卖家就应该考虑清楚以下几个问题：你的目标人群是哪个群体？你的目标人群在哪里？推广不是说使用的方法越多效果就越好。要明白哪些是你的目标人群以及用什么样的方法能取得最佳的效果。

（1）分析网店的目标人群。很多新手卖家都是在没有分析自己网店的目标人群的情况下就开始盲目地进行推广。这样不但花费很多的时间和精力，而且效果也不好。通过网店主营的商品来有针对性地进行目标人群分析，就能更好地了解到目标人群聚集的地方。找对了地方，推广效果自然就更好。

（2）根据目标人群制定推广方案。明确目标人群后，接下来就要制定一套具有强烈针对性的推广方案。在制定方案的过程中，应有效地整合一些有利于获得更好效果的推广方法。

（3）针对推广方案要有极强的执行能力。针对推广方案要积极地推广，要学会在实际工作中总结经验。方法是死的，人是活的，在实际工作中要学会灵活运用，才能不断地取得更好的推广效果。

（4）对一家网店和一家实体店所倾注的心血一样多，淘宝是个藏龙卧虎的地方，也有许多高手，能把商品促销的花样不断翻新，也应验了这一句很流行的话“一直被模仿，从未被超越”。但同时淘宝任何店铺的营销策略或者是经营策略也是极易被模仿的，因为淘宝的经营过程是一个高度透明的过程。所以这是一个完全透明的经营模式，造成了目前淘宝开店同质化竞争非常严重，包括所经营的商品，包括你的价格，所以低价策略成了很多人不得不选择的店铺战略。

6.2 运用免费网络资源推广

在众多的网店中该如何推广淘宝网店，才能让自己的网店脱颖而出呢？对于新开店的卖家来说，首先要掌握免费推广的方法。

6.2.1 注册搜索引擎

所谓登录搜索引擎，是指企业出于扩大宣传的目的，将自己网站提交到搜索引擎，让企业的产品和服务信息进入到搜索引擎数据库，以增加与潜在客户通过互联网建立联系的机会。

搜索引擎是专门提供信息查询的网站。它们大都是通过对互联网上的网站进行检索，从中提取相关的信息，从而建立起庞大的数据库。浏览者可以很方便的通过输入一定的文字，查找任何所需要的资料，其中当然也包括各种产品及服务信息。由于看到了搜索引擎的商业利用价值，越来越多的企业都将登录搜索引擎作为主要的网络营销手段，并且取得了较好的宣传效果。如图 6-1 所示为百度搜索引擎登录。

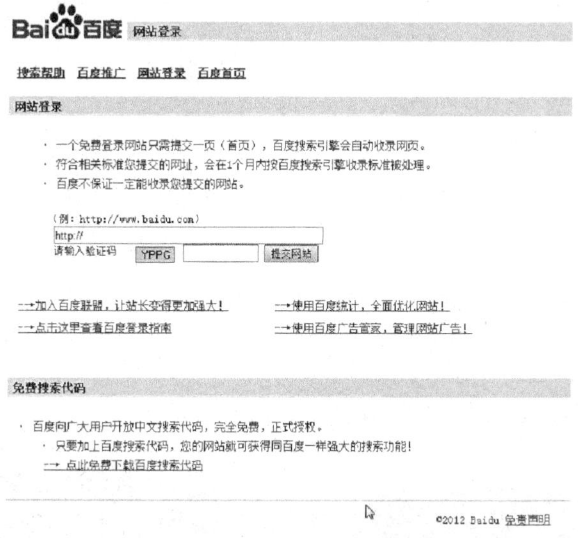

图 6-1 百度搜索引擎登录

到百度等一些大的搜索引擎网站去登录一下，提交引擎的时候尽可能地各大搜索引擎都提交一下。因为不可能所有的互联网用户都只使用一个搜索引擎。下面这些登录搜索引擎网站网址最好都登录一下。

百度搜索引擎登录入口：http://www.baidu.com/search/url_submit.html

搜狗搜索引擎登录入口：http://www.sogou.com/feedback/urlfeedback.php

搜搜登录入口：http://www.soso.com/

登录搜索引擎操作步骤如下：进入搜索引擎登录页面，输入网址，提交即可。如果搜索引擎不接受，那就一天多提交几遍、天天提交，直到被接受为止。且由于搜索引擎收录新网站有一定的工作周期，一般为 1 周至 2 个月不等，因此越早动手越好。

6.2.2 登录导航网站

现在国内有大量的网址导航类站点，如 http://www.hao123.com/、http://www.265.com/ 等。在这些网址导航类做上链接，也能带来大量的流量，不过现在想登录上像 hao123 这种流量特别大的站点并不是件容易事。

6.2.3 QQ 推广

QQ 个人设置中个人资料里有一栏个性签名，这里可以根据自己的爱好、心情来设置自己与众不同的个性签名。当然也可以利用 QQ 签名添加自己的广告，例如添加自己的店铺名称。

下面讲述 QQ 签名的设置方法，具体操作步骤如下。

（1）登录 QQ 后，单击个性签名文本框，弹出如图 6-2 所示的文本框。

（2）在文本框中设置个性签名，如图 6-3 所示。

图 6-2 单击个性签名文本框

图 6-3 设置个性签名

（3）当好友与你聊天时聊天窗口上 QQ 头像右边就是设置的 QQ 签名，如图 6-4

所示。这样就可以利用 QQ 签名推广自己的店铺了。

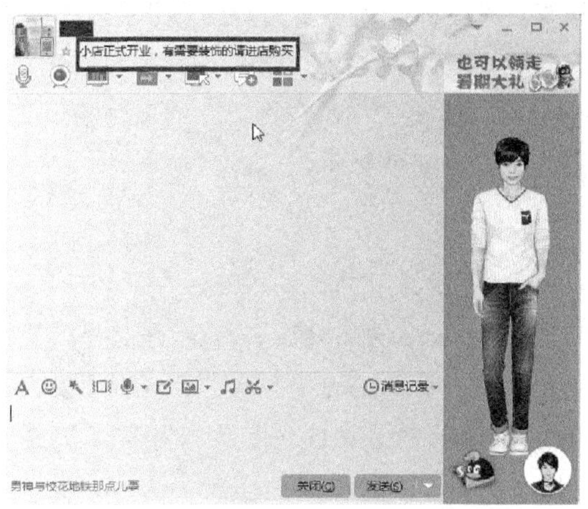

图 6-4 利用 QQ 签名推广店铺

QQ 空间推广一般是以提高空间人气为目的，踩他人空间为辅助，两者相辅相成，综合运用而带来广告效应。这种广告效应是长久的，也是不易被删除可持续存在的广告内容。利用 QQ 空间提高流量，就是去别人的空间不断的留言，使访客都来到你的空间，在 QQ 空间添加上店铺的广告信息。QQ 空间推广如图 6-5 所示。

图 6-5 在 QQ 空间推广

可以把 QQ 空间当作是自己的另一个店铺，大量的上传产品图片和产品信息，还能有店铺的信息链接等，不会被删也无限制。在 QQ 空间发表文章或是发布店铺、产品信息的同时，可以在他人的信息中心显示该日志动态信息。这点就很不错的推广产品方式的，相当于是群发。只需多加 QQ 好友和空间好友，你发布的产品推广信息就会在更多的好友空间里露面。

6.2.4 博客推广

博客，最初的名称是 Weblog，由 Web 和 Blog 两个单词组成，英文单词为 Blog，按字面意思就是网络日记，后来喜欢新名词的人把这个词的发音故意改了一下，读成 We Blog。由此，Blog 这个词被创造出来。如图 6-6 所示是通过博客推广店铺。

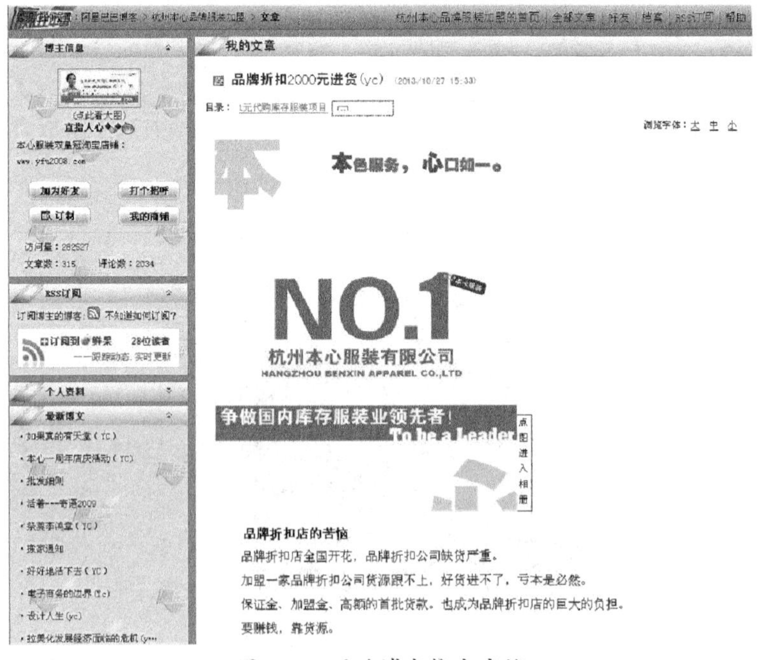

图 6-6 通过博客推广店铺

1. 博客营销以推广运营为目的，影响力大。随着“戴尔笔记本”等博客门事件的陆续发生，证实了博客作为高端人群所形成的评论意见影响面和影响力度越来越大，博客渐渐成为了网民们的“意见领袖”引导着网民舆论潮流，他们所发表的评价和意见会在极短时间内在互联网上迅速传播到开来，对店铺品牌造成巨大影响。

2. 大大降低推广费用。大部分博客平台基本都是免费提供，只需要遵守博客的准则，填写相关的信息就可以。通过博客的方式，在博客内容中适当加入推广产品的信息（或者直接切入链接）达到店铺推广的目的，这样的“博客推广”也是极低成本的店铺推广方法，降低了一般付费推广的费用，大大提升了店铺的访问量。

3. 口碑营销。潜在顾客受到文章观点的影响后，会跟家人、朋友、合作伙伴等谈论沟通，会潜移默化地介绍影响他的店铺，这就是广告，而且广告成本比其他媒体成本要低得多。不但为店铺降低了成本，还增加了销售量与利润率。

4. 博客平台往往拥有庞大的忠实的用户群体，用户直接可以自由互访，并且可以将文章进行转载、留言、评论，实现博客之间的互动交流。特别是有价值的博文会吸引大量潜在用户浏览，从而达到向潜在用户传递营销信息的目的。可以与买家直接互动、及时获得产品相关的反馈。如图 6-7 所示的是对博客文章进行的评论。

5. 博客可以营造出一个空间让顾客可以抒发他们的真实想法，让你的店铺同真实的人建立并维持一个良好的更进一步的关系。如果想知道新产品为什么销量不高，也可以直接上博客询问客户，他们会很诚实地告诉你。

6. 也可以通过博客，宣传店铺的文化和理念，获得更多的价值认同感。

7. 可以通过博客为顾客提供坚实的优质客户体验，让他们从单纯的消费者变成店铺和产品的推广大使。

8. 也可以搜集更多顾客关心的产品的最新信息，塑造自己的专家地位，极大地增加客户的信赖感。

9. 在博客中，可以写一些产品的使用技巧、营销推广、店铺的最新动态等一些轻松的话题，如图 6-8 所示。可以利用博客无限散发店铺或者个人的魅力，把自己或者店铺本身打造得具有品牌效应。

图 6-7 对博客文章进行评论

图 6-8 写一些营销推广技巧

博客文章最重要的就是内容了，一篇好的内容是读者能够认真看下去的必要条件，也是传达作者理念和博客营销效果最大化的必须具备的东西。同时也是留住读者，以及后续回访者的基础条件。内容是文章的核心、灵魂。所以好博文最重要的就是文章的内容要好，文章的内容有三个特点：实用、创意、易懂。

丰富的博文内容，可以从以下几个方面来挖掘。

1. 产品形象情节化

最好的方法就是把你对产品的赞美情节化，让人们通过感人的情节来感知认知你的产品。这样客户记住了瞬间的情节，也就记住了你的产品。

2. 行业问题热点化

在博客文章写作过程中，一定要抓行业的热点，不断地提出热点，才能引起客户的关注，通过行业的比较显示出自己产品的优势。要做到这些也就要求博主平时关注时事，关注同行。知己知彼，方能百战不殆。

3. 表现形式多样化

生动的文章表现形式会给人耳目一新的感觉，可以从不同的角度，不同的层次来展示产品。可以以拟人的形式或者是童话形式等。越有创意的写法，越能让读者耳目一新，记忆也就越深刻。

4. 产品功能故事化

博客营销文章要学会写故事，更要学会把自己的产品功能写到故事中去。通过一些生动的故事情节，自然地让产品自己说话。

需要博主平日多留意身边的事情，以及老顾客的反馈情况，凡是和产品有关的事，即使是一些鸡毛蒜皮的小事，只要能给产品带来正面的影响都可以写。如果你有足够的想象力，甚至可以编故事，当然这个故事一定要围绕着产品展开。如图 6-9 所示的是产品故事化的案例。

5. 产品博文系列化

这一点非常重要，博客营销不是立竿见影的电子商务营销工具，需要长时间地坚持不懈。因此，在博文写作中，一定要坚持系列化，就像电视连续剧一样，不断有故事的发展，还要有高潮，这样博文影响力才大，才能留住读者。

跌倒滚爬书写不败的农业梦—— 江夏芦荟王

黄向阳 | 创建时间：2013年04月26日 15:09 | 浏览：115 | 评论：3

标签： 芦荟 芦荟园 创业 美容 江夏芦荟

福建江夏芦荟公司/黄向阳

望着开满金黄色芦荟花的江夏芦荟种植园，闻着一棵棵壮实的美国库拉索芦荟散发出的淡淡清香味，看着工人和实验小学小朋友们忙于采摘的情景，我不禁感慨："我的经历写下来起码要厚厚好几本书呢！"

"为了家人过上好日子，我的第一个梦想，与土地有了不解情"

上世纪七十年代，我出生在一个曾被批斗的富农家庭，家里一贫如洗，小学开始虽然弱小但没有没干过的农活，捡猪粪便，挑水浇菜卖菜……，初中时更是跟随父亲嫁接龙眼树满山跑，大学时，由于整个暑期忙于收三角柱同学们叫我小黑炭。那时的梦想是，赚钱，让家人过上好日子。

上世纪90年代中期一个客户的来临，让我原本平静的心泛起波澜，得知客户来是为了收三角柱销往漳州并供不应求，那时还在大学的我利用星期六的时间向同学借了100元只身前往，谁又能想到，这一趟没吃没喝的一天却是让我与土地有了不解情的开始，走了大半个百花村收集了客户的地址，回去一一写信告之我们这边有便宜质量上乘的三角柱，功夫不负人，有回信要货的，也有直接打订金的，那时一天能赚十几元钱能睡上六小时是很不错了。写信一来一回的太慢了，于是我私自用赚来的3600元按了部电话，却换来家人二三个月的冷战，家庭又没钱了，但我却暗暗下决心：一定要创一番事业。"

"瞒着家人，活埋了60亩的彩色仙人球"

96年大学毕业后，一个河南的客户聊天时透露彩色仙人球在他们那很火，一棵可以卖到十几元，同时也是用三角柱嫁接的。当时，福建还没有人规模化种植仙人球，究竟怎么种、市场又在哪儿，一无所知。即使这样，我还是漫无目的到处打听，还真了解到彩色的仙人球的销路。河南客户提供仙人球的种，但买球要钱，钱从哪里来？于是，只好"连骗带哄"从母亲娘家那儿借到2000元，走出了创业的第一步，实现了自己的第一个梦想，让家人过得更好！

五颜六色的仙人球非常热卖，但没过四五年，就在当地电视、报刊纷纷采访我的仙人球，家中盖新房时，令人羡慕的仙人球却开始走下坡，漳州百花村开始一蜂拥而上种植彩色仙人球，客户有了更多的选择，前来订货的越来越少。2001年的一天，我从一客户头得知，芦荟是个宝，有食用药用美容等功效，顿时来了灵感："我也要种芦荟。"于是不顾家人的反对毅然活埋了60亩的仙人掌，有得必有失，鱼与熊掌不可兼得，只有这样才能甩开膀子大干。

图 6-9 产品故事化

6. 博文字数精短化

博客不同于传统媒体的文章，既要论点明确，论据充分，又要短小耐读：既要情节丰富感人至深，又不能花太多的阅读时间。所以，一篇博文最好不要超过 1000 字，坚持短小精悍是博客营销的重要法则。

7. 博文内容有价值

博客文章真正能起到营销作用在于文章能给予读者所需要的东西。博客营销和其他博客的最大区别就在此，其他的博客可以抒发情感、随心所欲地写，但营销博客不可以，不仅要保证每篇博文带来应有的信息量，还要有知识含量、趣味性，另外要有经验的分享，让访客每访问你的博客都有所收获。这是黏住客户最好的方法。博文提供了营销推广知识，这些知识对读者来说是有价值的内容，如图 6-10 所示。

图 6-10 博文内容有价值

6.2.5 网络团购推广

所谓网络团购，是指一定数量的消费者通过互联网渠道组织成团，以折扣购买同一种商品。尽管网络团购的出现时间不长，却已经成为在网民中流行的一种新消费方式。

当前，越来越多的消费者希望通过网络的方式组成团体采购商品，网络团购的范围小到图书、软件、玩具等小商品，大到家居、建材等价格不很透明的商品，甚至连体检、保险以及各类美容、健身等服务也采用团购的方式。如图 6-11 所示的店铺参加了网络团购，销售量大增。

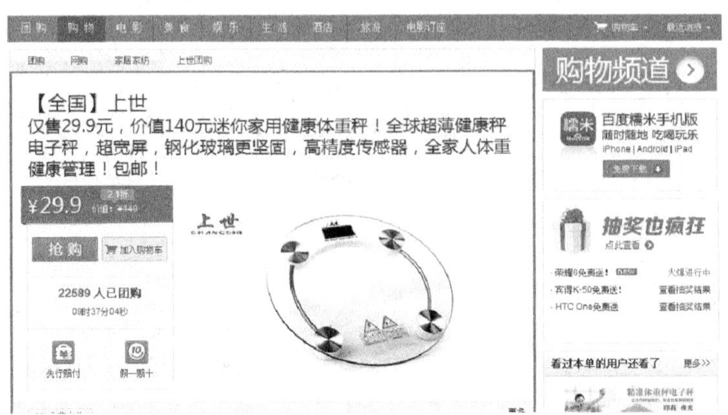

图 6-11 店铺参加了网络团购，销售量大增

在传统的采购模式下，消费者处于弱势地位，很难争取到有利于自身的交易条件。而网络团购改变了这种情况，消费者通过团购组织者联合起来进行消费合作，从而提高了消费者在消费过程中的地位，加强了消费者的交易能力，减少了消费者与商家在法律、专业信息等方面不对称的状况。网络团购的商品流通渠道是“生产商→团购代理→消费者”，商品从生产商到消费者所经过的交易次数相对于传统的分销渠道而言极大地减少了，所以，消费者的成本也相应减少。

团购不仅能为消费者带来好处，也能为经销商和厂家带来利益，对于商家，网络团购是刺激产品销售的渠道之一，对新产品的推广起着不可忽视的作用。并且通过网络团购，消费者的信息能够直接真实的反馈给厂家，有利于厂家及时地改善售后服务系统，针对消费者的需要生产适销对路的产品，而且在信息传递中，不对称的程度能得到一定程度上的缓解，可以避免不必要的损失。

由此看来，在信息技术快速发展的今天，传统的营销方式或多或少存在着缺陷，而网络团购这一新生的营销方式势必比网下直销、网下分销等存在着优势。网络团购成为越来越多的人参与的一场消费革命。

6.2.6 电子邮件推广

电子邮件推广也称为 E-mail 推广，E-mail 推广方式使用一次即可，多次发送会给他人留下不好的影响，影响口碑。它常用的方法包括邮件列表、电子刊物、新闻邮件、会员通讯、专业服务商的电子邮件广告等。拥有潜在用户的 E-mail 地址是开展 E-mail 营销的前提，这些地址可以是企业从用户、潜在用户资料中自行收集整理，也可以利用第三方的潜在用户资源。如果邮件发送规模比较小，可以采取一般的邮件发送方式或邮件群发软件来完成，如果发送规模较大，就应该借助于专业的邮件列表发行平台来发送。发送 E-mail 推广方式成功的关键是你发送的广告信，写得要有诚意，而且最好你的网店所提供的信息内容正好是收到这封信的网友所需要的。电子邮件广告推广如图 6-12 所示。

图 6-12 电子邮件广告推广

越来越多的企业开始采用电子邮件的营销方式。然而，盲目地推行电子邮件营销却存在着巨大的风险，用户会对收到的大量带有营销目的的电子邮件产生反感甚至感到愤怒，他们总是将那些邮件直接删除。电子邮件若被直接当作垃圾邮件删除，就失去了递送至顾客面前的机会。因此，如何提高电子邮件营销的效果，变得至关重要。下面是提高邮件推广效果的技巧。

（1）首先要准确的选择客户群，如果对方对你的商品不感兴趣，那么辛苦制作的电子报就会被当作垃圾邮件。

（2）电子邮件标题要引起用户注意，同时也要力求吸引人，简单明了，不要欺骗人。内容方面，推荐用 HTML 格式，排版一定要清晰。如果广告目的是促销或活动，那么标题最好带免费、大奖等字眼。

（3）开头语简洁明了、突出重点。许多客户在浏览营销邮件时都是一目十行，因此，你的 E-mail 只有几秒钟时间来决定能否吸引他们的注意力。保持简洁明了、重点明确是一个有效的方法。开头语一带而过，可立即拉近与客户的距离，而对客户来说过多的废话实在是多余。

（4）开头语千万不要过多介绍自己，因为会给人一种推销的感觉，给人的第一感觉就不好，事实上，没有几个客户会有耐心来阅读你的长篇介绍的，不主动过多介绍自己将一定反而会给客户一种很自信、专业的印象，这种印象对你来说是非常重要的。

（5）运用不同颜色来强调重点。在决定使用那种颜色时，应优先考虑使用基准色。持续使用一种基准色是突出店铺品牌形象的关键。运用不同颜色来高亮显示邮件正文中重要的内容，能帮助浏览者更轻松地抓住重点。

（6）不要频繁地发送。别频繁地发邮件，好比打折，你天天打折，人家就不会珍惜打折的机会了，你天天发邮件，人家也会慢慢地习以为常。如果这样他还不来，你便失去了这个客户。

（7）店铺标志。在每次发送营销邮件时，也要借机树立店铺的品牌形象。将店铺标志置入每封 E-mail 中是一种有效的方法。最好是将标志固定在同一位置，可以是顶部的显眼处。

（8）如果要报商品价格的话，所报的价必须是实价，必须与现有的市场行情相吻合，价太低，容易给人以甩卖的印象；价太高也会吓跑客户，客户也不会回你。所以，切勿乱报价，应了解清楚了、多比较后再报。

6.2.7 交换友情链接

淘宝网上的卖家可以组成互助共进的联盟，要尽量争取和其他卖家，特别是一些交易量比较大、信誉度比较高的卖家交换友情链接。通过交换店铺链接，形成一个互助网络，增进彼此的影响力。在其他卖家的店铺首页，买家只要单击友情链接，就可以直接访问相应的友情店铺。添加友情链接的方法很简单，单击“店铺管理”页面中的“友情链接设置”超链接，然后在“淘宝会员名”文本框中输入对方的会员名，单击“添加链接”按钮即可，如图 6–13 所示。

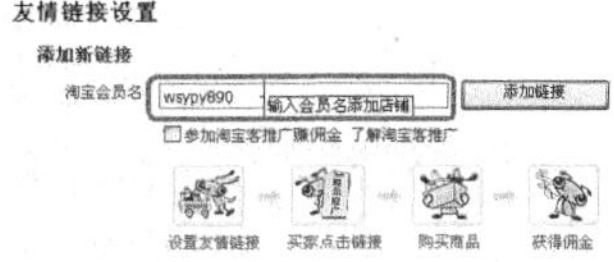

图 6–13　添加友情链接

6.2.8 论坛宣传

在论坛上经常看到很多用户在签名处都留下了他们的网店地址，这也是网店推广的一种方法。将有关的网店推广信息，发布在其他潜在用户可能访问的网店论坛上。利用用户在这些网店获取信息的机会，实现网店推广的目的。

论坛里暗藏着许多潜在买家，所以千万不要忽略了这里的作用。记得把自己的头像和签名档设置好，并且做得好看些，动人些。再配合上好的帖子，无论是首帖，还是回帖，别人都能注意到你的。分享你的生意经、生活里的苦辣酸甜、读书、听音乐的乐趣等。定期更换你的签名，把店里的最新政策和商品及时通知给别人。如图 6–14 所示的是在论坛上推广自己店铺的产品。

图 6–14　在论坛宣传

6.2.9　在分类信息网站推广

分类信息网站发展的核心是给用户提供及时方便、实用关乎日常生活的信息，说得简单一点就是便民，要让分类信息网成为便民信息网，信息不仅要大而全，更要新而快。

目前在中国有很多的分类信息网站，这些网站都是供求信息发布平台。除了付费服务，很多网站还提供免费的信息发布，店铺可以利用他们发布商品信息。国内也有几家比较大的分类信息网站可以免费发布，例如 58 同城，很多商家都是从这里的零成本推广开始起家的，如图 6-15 所示。

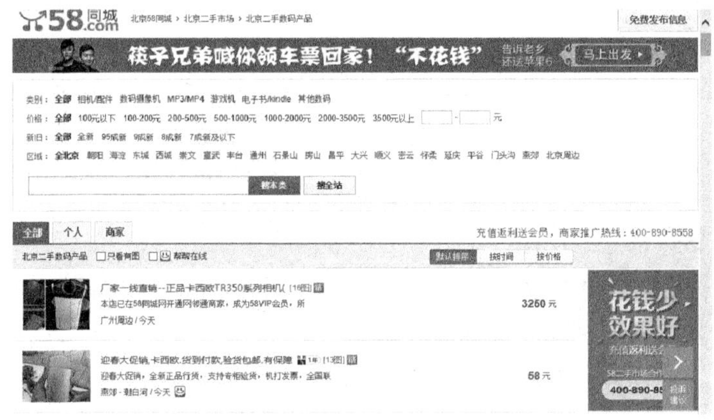

图 6-15　分类信息网站推广

6.2.10　信用评价

评价管理包括你给买家的评价和买家给你的评价。店主在给买家评价的时候，可以适当地做一下小广告，能起到一定的宣传效果，何乐而不为呢？同时买家给店主评价以后，可以充分利用解释的地方做宣传广告，并不是只有中评差评的时候才需要解释，好评的时候更应该好好利用这个机会进行宣传，因为许多聪明的买家在买东西之前都会看一下店铺的评价，这里如果有广告信息的话效果非常好的。如图 6-16 所示的是在评价中利用解释添加了店铺的广告。

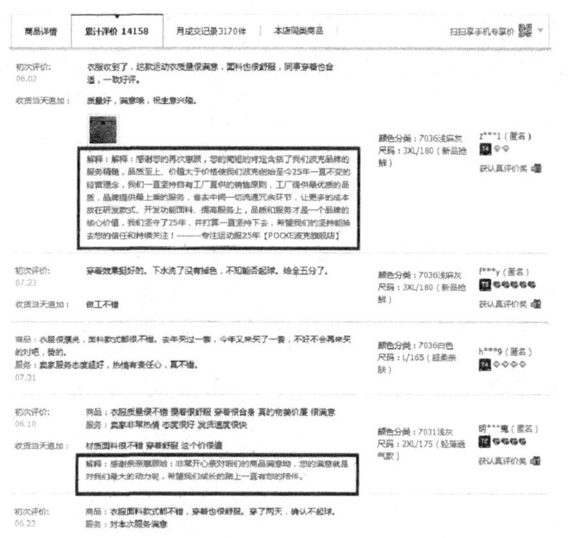

图 6-16 评价中添加了店铺的广告

6.2.11 微信推广引流量打造爆款

使用微信的朋友越来越多，在微信里有一个功能，就是微信朋友圈，可以在这里发布图片和文字，同时也可以看到好友发布的消息和图片。如图 6-17 所示的是在微信朋友圈里推广的商品。

几张漂亮的照片、几句简单的文字，都可以形象直观地表达用户的经历和情感。虽然微博可以发布文字和图像信息，但是朋友圈更侧重的是熟人的关系，主要在熟人间进行互动。其他用户甚至不能看到非好友的回复，增强了信息传递的准确性和私密性。

微信的朋友圈里，基本都是熟人或有一些接触的人，大多半熟不熟的，这些人可以是你的潜在客户，也可以是你潜在客户的引荐者。但是，你如果天天向他们展示产品，必然起反感。对于朋友圈营销而言，内容是一切的根本。

（1）与企业“核心产品”有关的话题。微信朋友圈营销的重中之重就是“品牌产品的塑造”，品牌产品的专业展示是营销的基础，所以每天发一条“专业知识”。要注意的细节是，尽量把内容做成“连续性”的，吸引粉丝再次关注。

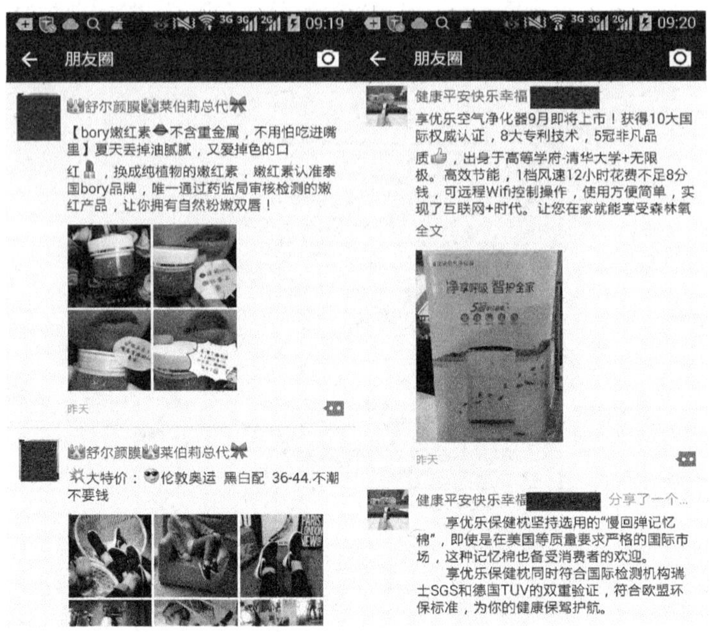

图 6-17 在微信朋友圈推广的商品

（2）分享客户现场体验的评价。

（3）偶尔分享与自己生活有关的话题，例如吃喝玩乐等。可以适当“装可怜”，以博得好友的同情，有了同情就拉近了距离。例如“今天穿高跟鞋走了一天的路，脚都起泡了”。

（4）要懂得加入一点惊喜，适当地可以要求转发。

（5）分享内容要做到“图文并茂”，图片必须符合文字的内容。

（6）链接分享必须要加上自己的引导式总结内容。

（7）字数注意。如果字数太多，朋友圈动态就只会显示一条，然后剩下的隐藏起来了。要想让顾客能完整地读完自己的动态，理解动态的含义，最好是能让动态全部显示出来。要实现让顾客觉得你的内容不错，或者引起共鸣，那么字数也不能太少，建议是 80 ~ 110 个字最好。

（8）表情。如果顾客的朋友多，那么每天的朋友圈动态可能比较多，那么怎样才能吸引顾客的眼球，看到并注意自己的动态呢？表情就能解决这个问题，因为表情可以让文字更生动化、色彩化。

6.2.12 千牛推广

千牛是一个非常好的交流工具，现在有很多生意都是通过千牛达成的。利用好千牛是淘宝开店的基本功。潜心研究千牛的功能，可以获得很多经验，下面是应用千牛提高流量的一些技巧。

（1）设置开机后千牛自动登录功能，可以及时看到所有信息，免除忘记开千牛而漏掉生意的遗憾。

（2）开通移动千牛功能，将千牛和手机绑定在一起。如果卖家外出或者不能上网时，千牛的消息就会以短信方式发送到卖家的手机上，卖家也可以回短信给对方。最重要的是，卖家不用总在计算机旁看着，可以适当休息一会儿。

（3）在我的好友中建立顾客群，留下所有交流过的买家的千牛名。多同买家交流，询问买家对于店铺商品的意见，这样就留住了老顾客。

（4）加入人气比较旺的千牛群，多交友，多交流。朋友多，可以互相帮忙顶帖，提高生意，交流买卖经验对大家都有好处。而且遇到谈得来的好友，可以相互建立个人空间的友情链接，这样别人到你店铺的机会也会大大增加。

（5）有些情况下不能安装千牛软件，这时应急的办法是使用千牛页面同客户交流。

（6）设置好千牛的自动回复功能。当卖家有事需要离开几分钟，计算机处于闲置状态时，如果刚好有客户，可以设置自动回复，这样可能就会挽留住客户。

（7）不定期检查聊天历史记录，可以避免无意中漏掉的一些客户留言。

（8）有空多摸索一些千牛的其他功能，很有用处。

（9）在千牛名后面显示店铺的最新优惠信息可以大幅度增加店铺浏览量。

（10）建立千牛群，邀请朋友、买家以及和生意有关的人到群里，增加群的人气。当人气达到一定程度，千牛群中有了“黄金旺位”就可以提高店铺的访问量，进而提高销售量了。

对于利用千牛群推广，相信很多的新手朋友们都试过。到处找群加群，发店铺链接，发宝贝链接，但真正的效果却不尽人意。有时还会引起公愤，不得不落慌而逃。到底应该怎样去合理利用好千牛群。只要有时间就会去和群友们聊天淘通，让大家慢慢地认识你，接受你，这样大家就会去你的店铺乃至空间看看，就起到了宣传作用!

群里一百多号人肯定会有你的潜在客户存在，这样既娱乐，又宣传了。何必到处发广告链接呢？再说无法确定有几个人会点击链接。当你的千牛达到一定等级，就可以建立自己的群了。这就需要你有一定的沟通和招集能力，以及充足的时间来打理，不然建了也是白建。

加入千牛群与添加好友一样，也是在左上角的文本框中输入要加入的群号码，具体操作步骤如下。

（1）启动千牛工作台，在左上角的文本框中输入千牛群号码，单击“查找”按钮，在群号码后面即可出现一个加号按钮，如图 6-18 所示。

（2）单击加号按钮，弹出“加入群验证”对话框，如图 6-19 所示。

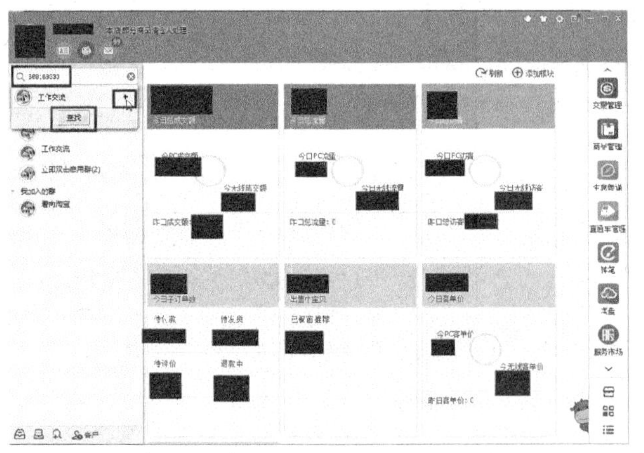

图 6-18 查找群

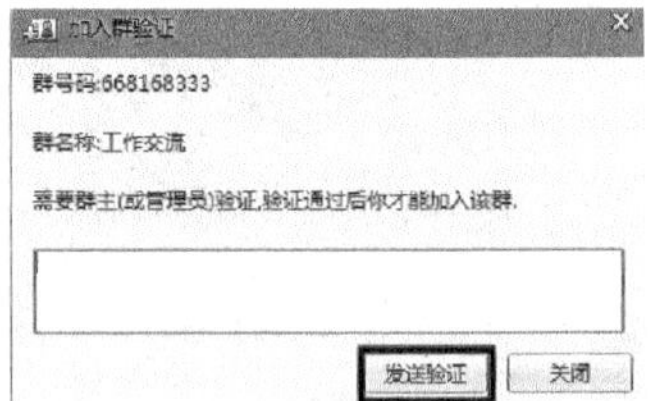

图 6-19 “加入群验证”对话框

（3）单击“发送验证”按钮，此时群主管理员都可以收到“加入群的要求”信息，只要群主或者管理员通过即可加入到此群，如图 6-20 所示。

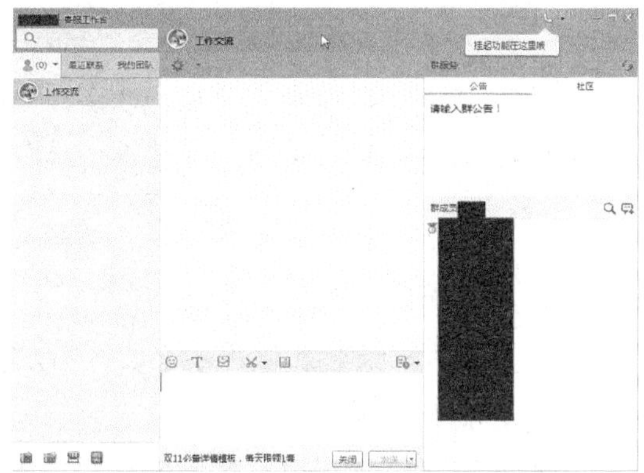

图 6-20 加入群

6.2.13 微博推广

运用淘宝站外免费方式推广店铺是很多新手卖家的主要选择。微博就是很好的一个渠道，如果微博推广的好的话，会带给你意想不到的流量。如图 6-21 所示的是利用新浪微博推广。

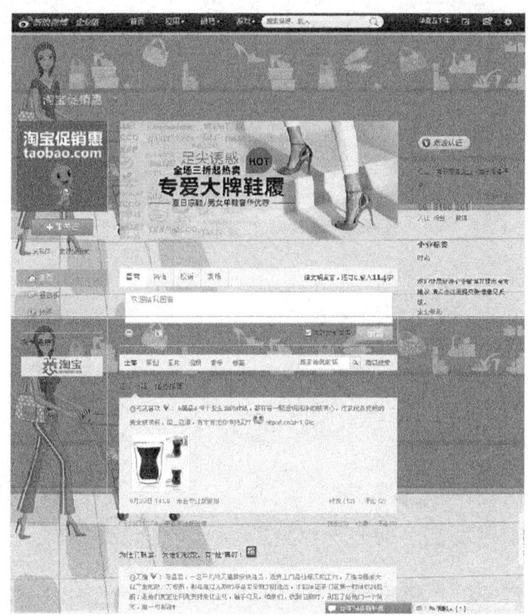

图 6-21 利用新浪微博推广

那么在利用微博推广的时候要注意哪些技巧呢?

首先注册一个微博，微博账户尽量与网店重名，假如店名叫“时尚之家”，那么微博账户名也可以叫“时尚之家”。在注册填写微博地址的时候，可以把自己淘宝店铺的地址填上。这样才能吸引别人记住你的店铺。

当一切都注册完成，就可以设置微博账号资料了。

（1）微博昵称的选择，这个最好能填写和你所卖的商品有关联性比较好，例如你是卖家居收纳的，那么你的微博名字可以写出“家居收纳品”。这样人家一看就知道你的微博是介绍家居产品的，在后期微博里面发一些产品图片也是比较合情合理的。

（2）微博描述里面尽量不要太过广告化，在微博资料里边，也要做到与网店完全类似，例如在私人主页和私人简介里可以输入店铺地址和店铺介绍，如图 6-22 所示。

图 6-22 简介里输入店铺地址和店铺介绍

（3）微博标签设置，在设置微博标题的时候可以把淘宝店铺宝贝的关键词适当地将 2 ~ 3 个嵌入到里面去，便于粉丝搜索找到我们的微博。

（4）微博头像设计，这个要根据微博内容来选择的，这样才能切合微博主题，内容让更多的人来关注你。微博账户的头像也要与店铺 Logo 保持一致。

账号设置完成后，下面可以开始增加粉丝了。

拥有足够的粉丝后，要做的就是通过和粉丝的互动转播我们发的微博内容，增加微博的曝光度。多发布些有争议性的话题带动微博粉丝互动，同时可以增加更多的人进来转播评论，这样就可以增加微博的转发。因为微博上有淘宝店铺的地址，浏览的人觉得有需要就会点击进入淘宝店铺里面去看看的。

下面介绍利用微博推广的一些技巧。

（1）利用微博相册。将店铺的产品上传到微博相册，每张图片放置店铺 Logo，吸引注意。相册不能只放产品图片也要放一些意境图、笑话、明星景物美图等。这样来你相册的人多了，自然产品曝光率就高。如图 6-23 所示的是将产品图片发布到微博相册。

图 6-23　将产品图片发布到微博相册

（2）微博新鲜事，每日发帖十多个，转载、笑话、美容养生、明星热点等话题是最受关注的，在适当的几个帖子中加入店铺链接。话题是够新颖，能引起别人注意，那么你就成功了一半。

（3）开展有奖活动。分发不收费奖品吸引更多的听众，这种形式可以在短期内取得一定的用户。要求自己的粉丝在约定的时间里转发有奖活动，依照转发要求，获得获取奖品的机会。

（4）宣布特价或打折信息。采用限时的商品打折或秒杀活动，定期或者不定期宣布宣布一些商品促销活动，这种办法会给粉丝带去切合实际的利益，有意的客户一定会关注你。

（5）运用微群，微博玩转后，加入几个微群，聚合有相同爱好或者相同标签的朋友们，将所有与之相应的话题全部聚拢在微群里面，方便志趣相投的朋友们以微博的形式进行参与和交流。

（6）主动去关注别人，这些可都是你的潜在顾客。当然还要寻找目标顾客。那么目标顾客在哪里？这里微博的标签，它会自动推荐和你具有相同标签的人。让你关注。

6.3 在淘宝网店平台上宣传与推广

淘宝店铺的推广方法有很多，本章重点说的是在淘宝平台推广店铺的方法。

6.3.1 在淘宝社区中推广

淘宝社区是淘宝网的官方论坛，进入淘宝网首页，单击页面右上角的“社区”按钮就可以进入社区首页，如图 6-24 所示。

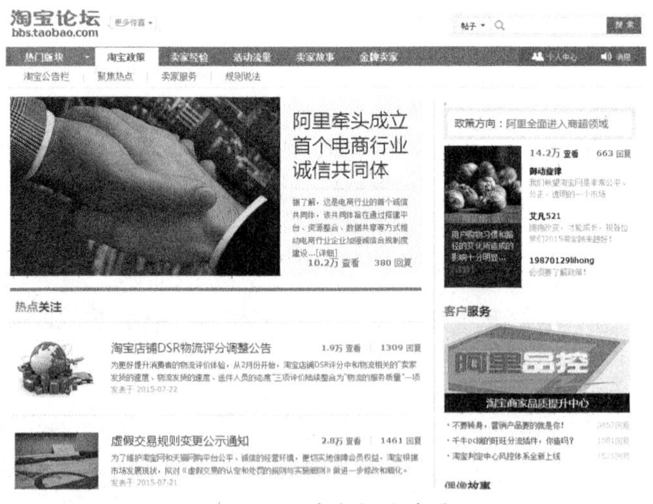

图 6-24 淘宝社区首页

要想成为社区名人，就要在社区多发帖子，发好帖子。如果发的帖子言之无物、内容无聊，就会适得其反，不仅浪费了自己和他人的时间，也在社区里留下了不好的印象，那就得不偿失了。

帖子的标题用哪个仔细琢磨，好的标题能起到为帖子画龙点睛的作用。另外还建议在帖子中加入适当比例的图片，以使帖子达到图文并茂的效果，发表帖子的具体操作步骤如下。

（1）登录淘宝网，单击“社区”按钮进入社区，并进入相应的版块。

（2）单击“发表帖子”按钮，进入帖子编辑页面，如图 6-25 所示。

图 6-25 帖子编辑页面

（3）在“版面”下拉列表中选择帖子所属的版块，在“标题”文本框中输入帖子的主题，在“内容”中输入帖子的内容。

（4）字数必须多于 200 字。帖子一旦被加入精华帖，不仅可以提高浏览量，还可以获得社区的“银币”奖励。完成帖子的编辑后，单击页面底部的“发表”按钮发表帖子。

6.3.2 加入商盟

淘宝上的商盟就像现实中的各大商会一样，基本上每个区域都有自己的商盟。加入商盟能提高顾客对你的信任，当然有利于生意了，还能宣传店铺。

下面就来介绍加入商盟的一些好处。

1. 能够提高知名度

如果一个商盟发展良好，这个商盟的知名度肯定会不错，这样作为商盟的内部成员，你的知名度也不会太差。

2. 广交朋友，开阔眼界

商盟成员通过网上畅谈或网下聚会活动，可以直接获取更多有用的信息资源，无论是技巧技术上的，还是经营管理方面的，这里面的商机、窍门、经验都会让你受益匪浅。商盟经常举办各种活动，有利于认识结交一些不同的朋友，多个朋友多条路。

3. 提高店铺的诚信度

提升自己店铺的诚信度，店铺Logo、论坛头像旁边的商盟标志等于是给店铺挂了一个“信得过”的牌子。通过这个小小的标志，顾客会感受到你的店铺的诚信度。久而久之你的店铺也会被烙上一个“实力卖家”的标记。

4. 盟内带来生意

商盟中的卖家基本上都是本地区的人，有共同的地域文化、接近的价值观、良好的认同感而且由于地域邻近，可省下不少物流费。所以商盟成员之间更容易产生合作愿望，达成交易过程更顺畅。如果你在商盟内部活跃高的话（常聊天、常发帖子，多交朋友），你在商盟内部的曝光率也是很不错的，当然也会带来更多的生意。

5. 盟员优待感

商盟有时可起到免费帮你宣传的作用，商盟有专门的首页推荐位。加入商盟成为正式会员，可以在首页上推荐你的宝贝，而商盟成员中也会加上你的店铺，这两者都可以直接或者间接给你的店铺增加一定的浏览量。另外，通过商盟不定期在淘宝网上举行的各类买卖活动，商盟的会员们才可以参加。

6. 消费实惠

盟友间购物，往往直接拿到了折扣价和贴心服务，大家一起在淘宝网团购东西，价格也会便宜很多。

7. 商盟荣誉感

能加入商盟，本身就代表一分荣耀与认可，当你经过商盟的层层考验和各种规则的约束，最终加入商盟，那种荣誉感和责任感会油然而生。不要轻易让这份热忱磨灭了，常想想能为商盟做什么贡献，你才会对入盟好处有更亲切的体会。通过大家的努力，商盟知名度和销售排名上去了，你也会感到由衷的自豪。

8. 品牌意识感

加入商盟其实就是共同打造一个品牌，随着市场经济的发展，很多真实的例子给了我们很多经验和教训，只有联合经营、标准化规模化发展才能带来更多的效益，加入商盟就是为了借用团体的力量发展我们的生意，大家一起打造自己的品牌，这样才会有效果，并不是你加入了就会给你带来效益，这还需要共同努力才能实现。

6.3.3. 设置 VIP 会员卡

许多持卡会员已形成使用卡的习惯，在看中一件商品后，会搜索是否有支持 VIP 卡的同样商品。面对数百万的持卡会员，更容易成交。促销频道、周末疯狂购等活动只针对设置 VIP 卡功能的商品开放。

设置 VIP 卡的好处如下。

- 提高商品的曝光率。
- 吸引使用 VIP 卡购物的部分买家。
- 丰富店铺的宣传和营销手段。
- 让买家能够通过各种不同的途径看到和买到你的商品。淘宝首页有专门的 VIP 卡搜索通道，让买家朋友们更好地找到你，买家搜索的时候可以勾选“VIP 搜索”复选框。
- 增加客户体验。VIP 买家购买你店里的东西，如果对商品设置了 VIP，就会令买家得到一个很好的感觉，感觉自己很尊贵。

【操作步骤】

卖家设置 VIP 卡的具体操作步骤如下。

（1）登录我的淘宝，在“出售中的宝贝”中，单击“淘宝VIP宝贝”按钮，如图6-26所示。

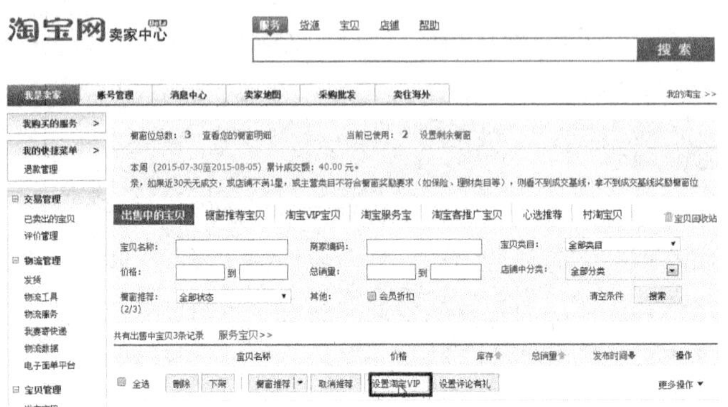

图6-26 单击“淘宝VIP宝贝”按钮

（2）在页面中对每个宝贝进行不同级别的折扣设置，如图6-27所示。

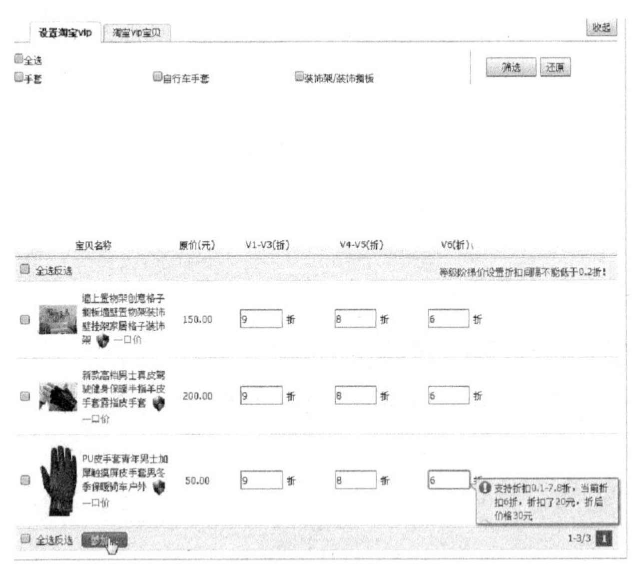

图6-27 对宝贝进行不同级别的折扣设置

（3）单击“参加”按钮，可以设置成功，如图6-28所示。

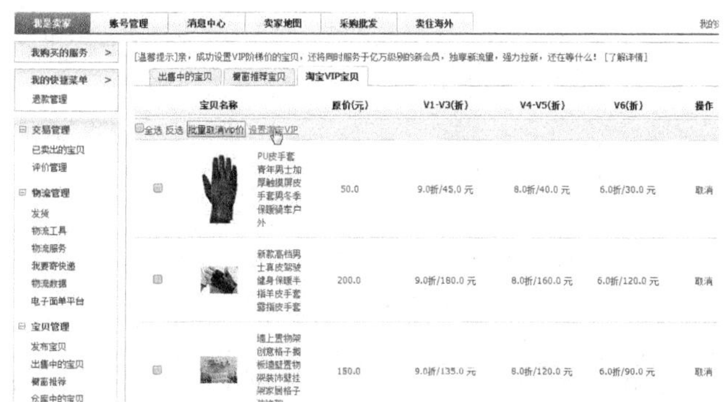

图 6-28　VIP 促销设置成功

6.3.4　参加秒杀活动

秒杀本质就是大幅度的价格优惠并以商品数量稀少性激发用户强烈购买欲望的抢购活动，最终实现卖家销售商品及聚集人气的目的，其中价格刺激和稀缺性是构成秒杀活动的两大基本要素。

如何能够快速的积累人气，很多新手都会问这个问题，怎样设置淘宝秒杀活动呢？具体操作步骤如下。

（1）登录到淘宝网，进入到卖家中心，单击“宝贝管理”|“出售中的宝贝”超链接，可以看到出售中的宝贝，如图 6-29 所示。

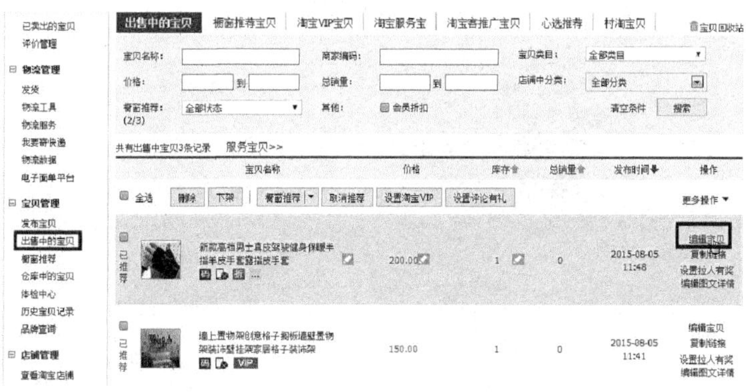

图 6-29　出售中的宝贝

（2）单击宝贝右边的“编辑宝贝”超链接，进入宝贝编辑页面，在宝贝标题里添加“秒杀”字样，如图 6-30 所示。

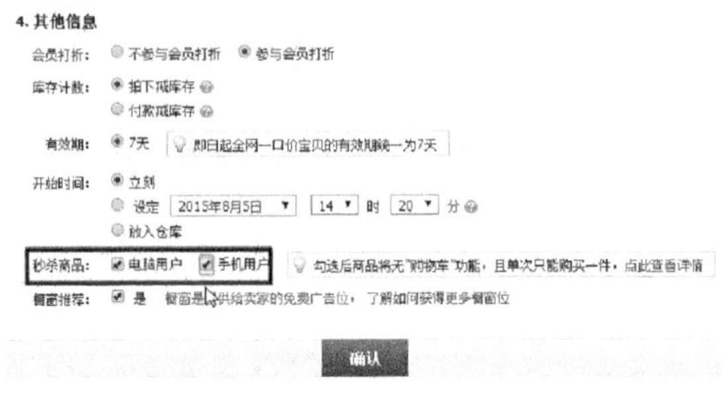

图 6-30 添加“秒杀”字样

（3）将宝贝数量改为活动要求的最低数量，如图 6-31 所示。

（4）将开始时间设定为活动要求的时间，如图 6-32 所示。

图 6-31 更改数量　　　图 6-32 设置活动时间

（5）单击“确定”按钮，发布商品就可以成功设置秒杀活动了，如图 6-33 所示。

图 6-33 发布商品

秒杀对于商家来说，给予客户极低的折扣，短时间内吸引大量的客流量，迅速增加商品的销售数量。对于客户来说，除了获得超值的商品，还能体会到那种刺激、疯狂的感觉。完善的准备是秒杀成功的前提，无论是产品的筛选、包装、宣传素材及发货物流等都要进行精心的规划。

1. 好产品才有好的效果

商品永远是最基础的一环，也是最重要的一环。商品的选择上，千万不要因为秒杀特价就降低产品质量，只有让客户体会到超值的感觉，才能带来更多的忠实客户。要让客户真正的感受到实惠，让客户有满足的感觉。这样，就算此次秒杀没有达到预期的目标，但是获得了一批忠实的客户，这样比销量重要的多。

由于秒杀期间流量巨大，在秒杀的同时，做好相应的关联营销，例如裙子在秒杀的时候，同时推出相应的上衣搭配。这样不仅仅提升了客户的成交，而且促进了更多的商品销售。

在此，需要说明的是，根据秒杀的强度对参与秒杀的商品进行合理的库存规划，根据自己商品折扣及秒杀的强度进行分析思考。既不要产生较大货物缺口，也不要造成大规模的货物积压。并尽可能让物流体系的效率最大化，误差最小化，迅速将秒杀商品发出。

2. 产品卖点挖掘，让客户坚定下单

在经过了最基本的准备之后，对商品的营销卖点的提炼就成了重中之重。对商品的描述中，必须将商品的基本特征进行详细的描述，并在商品描述页面最醒目的地方进行展示，对商品卖点的深度挖掘，给客户更多的购买理由，这样才能更好地让客户下单购买。让客户一目了然，充分了解，这样会减轻客服的压力。

3. 宣传推广

在进行了上述一系列的规划之后，核心的推广环节是不能大意的。无论策划得有多完美，如果没有强有力的流量作为支撑，秒杀的效果都会大打折扣，所以，尽可能整合一切可以利用的资源，最大化地宣传、告知。

（1）提前释放活动信息，在店铺内进行告知，可以使进入店铺更多的客户知晓。客户在收到此信息后可以对身边的朋友进行传播。

另一层面，通过客户的询问情况，更能清楚客户的需求，也能曝露出自己的不足，可以给自己一些调整的空间，使商品的描述等更加适合客户的需要。使传达的信息更加精准。

（2）老客户信息充分传达。秒杀活动，对于已经认可店铺的老客户是有着巨大吸引力的。如果前期价格一直坚挺，突然间的折扣则可以激发很多老客户的热情。

对老客户的告知可以采用短信、千牛留言、邮件等方式告知。要指出的是，短信内容和短信的发送时间请慎重考虑，内容过于平淡，不会吸引客户的兴趣，过于广告可能被屏蔽。至于千牛留言，也要把握一个度，在保持信息有效传达的前提下，考虑到客户登录的频率不一致，所以，信息应该提前三天告知，但是不能过于频繁，这样会容易引起客户反感。

（3）付费广告的投放，是带来流量的最好手段。但是在付费的前提下，一定要要有合适的投入产出核算。

（4）根据自家的实际情况，整合的资源也是不同的。在进行活动的时候，和一些目标客户相近的其他优质商家达成合作关系，互相在店内设置对方的广告位置，这样也能带来不错的流量。

（5）后期跟进。秒杀活动结束后，仍旧有强大的预热效果，这个时候就要制定其他的营销策略，使销量进行保持。另外对大量没有付款的客户进行付款提示，提升销售数量。

淘宝秒杀活动会为网店吸引大量的人气，如何将浏览量转化为销售额还需要其他很多工作的开展，无论是什么样的促销手段，都必须以网店的商品品质与服务做支撑，只有保证品质与服务的稳步提升，才能长久的支撑网店的发展，秒杀也才能发挥最大的作用。

6.4 利用传统媒介推广

很多人忽略的传统的网下推广方法，只要将这些方法结合自己的店铺进行有计划的推广，并坚持肯定会有你意想不到的效果。

6.4.1 印刷并散发广告传单

印刷媒体有报纸、杂志、期刊、商品说明书、火柴盒、包装纸等各类印刷出版物。这类媒介是广告最普遍的承载工具。

报纸的优点是信息传递及时、记者广泛稳定、可信度比较高；刊登日期和版面的可选度较高、便于对广告内容进行较详细的说明；便于保存，制作简便，费用较低。报纸的局限性是：时效短、转阅读者少；印刷简单因而不够形象和生动，感染力相差一些。

期刊的优点是读者对象比较确定、易于送达特定的广告对象；时效长、转阅读者多、便于保存；印刷比较精美、有较强的感染力。期刊的不足是广告信息传递前置时间长、信息传递的及时性差，有些发行量是无效的。

6.4.2 多参与活动，派发名片

你有车辆吗？将爱车两侧及后面贴上广告，当然还是突出淘宝网店网址，从而使别人看到你网店的流动广告。广告要做得醒目，让人不用太近就能看清车上的字。

免费发放礼品，可以在闹市、人流量多的地方，发一些环保袋，因为现在环保袋的使用频率很高。同时制作成本低，袋子上可以印上自己店铺的一些信息。

6.5 钻石展位吸引百万流量

“钻石展位”是淘宝图片类广告位自动竞价平台，是专为有更高信息发布需求的卖家量身定制的产品。精选了淘宝最优质的展示位置，通过竞价排序，按照展现计费。性价比高，更适于店铺、品牌及爆款的推广。

6.5.1 钻石展位介绍

钻石展位是按照流量竞价售卖广告位的，计费单位是“每千次浏览单价”，即广告所在的页面被打开 1000 次所需要收取的费用。钻石展位不仅适合发布宝贝信

息，它更适合发布店铺促销、店铺活动、店铺品牌的推广。可以在为店铺带来强大流量，同时增加买家对店铺的好感，增强买家黏性。如图 6-34 所示的首页的大图广告就是钻石展位。

图 6-34　钻石展位

6.5.2　钻石展位展现在哪里

钻石展位的主要优势在于它不仅可以推广单品，还可以推广整个店铺。钻石展位展现在哪里呢?

1. 淘宝首页

首页流量巨大，对于资金雄厚的大卖家来说，放在首页可以带来巨大的流量，从而带来更多的顾客，如图 6-35 所示的是淘宝首页上的钻石展位。

2. 各频道焦点图和通栏

钻石展位只要展示了就要收费的，最好选择和自己的产品相匹配的垂直频道进行投放。如图 6-36 所示的是女包频道首页的钻石展示位。

3. 特卖促销频道

在淘宝特卖，天天特价等促销频道也有钻石展示位，如图 6-37 所示。

图 6-35　淘宝首页上的钻石展位

图 6-36　女包频道首页的钻石展示位

图 6-37 特卖促销频道

4. 广告网站联盟

广告网站联盟，各大门户网址广告位置，如图 6-38 所示的是新浪网的广告位。

图 6-38 新浪网的广告位

6.5.3 订购钻石展位

本实例讲述如何购买钻石展位，具体操作步骤如下。

(1) 首先进入淘宝卖家中心，单击“营销中心” | “我要推广”超链接，如图

6-39 所示，在打开的营销中心页面中，单击“钻石展位”图标，如图 6-40 所示。

图 6-39　单击“我要推广”　　　　图 6-40　单击“钻石展位”

（2）进入钻石展位页面，单击“加入钻石展位”按钮，如图 6-41 所示。

图 6-41　单击“加入钻石展位”按钮

（3）进入如图 6-42 所示的页面，在此页面中可以看到报名后，自学完钻石展位的课程后参加考试，成功后即可开通钻石展位。

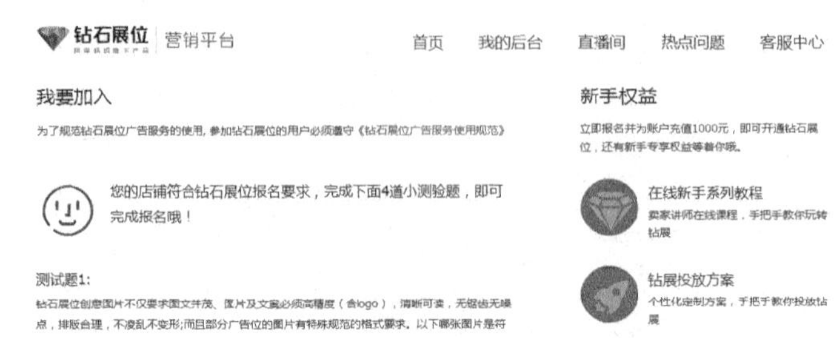

图 6-42　钻石展位报名页面

6.5.4　决定钻石展位效果好坏的因素

钻石展位的推广不是一两次就可以做好的，要在不断的实践中发现问题，然后进行调整，使其达到最好的广告图片、广告文字、目标人群、投放时段都是决定钻石展位是否成功的重要因素。

1. 广告图片

广告图片常常被大家所忽略，但却极为重要，拥有一个适合自己，凸显主题的广告图片就会给自己带来无限的收益。

很多人都没有意识到广告图片的重要性，大家都觉得自己可以做，虽然做出来不是那么好看，能用就行，虽然节省了开支，但是却大大制约了收入，如果广告图片可以展现店铺所要表达的东西，那带来的收益会远远超过上千元，甚至上万元，几十万元。

2. 广告文字

图片的内容上还有卖点，毕竟你的最终目的并不是仅仅要求别人欣赏图片，而是要别人点击图片进店购买商品。图片广告上的广告文字内容和图片一样也能决定广告的效果。同样的图片，上面的文字不同，广告所带来的效果也不同。

广告文字不能太乱，只要包含主题、价格、产品就可以了，也可以加上一个点击按钮，或者加上一个时间能给客户造成紧迫感，以提高点击率。切记一定不要乱，站在客户的角度想想，要让客户一眼就能看明白。如图 6-43 所示的案例，图片很精美，但是真正吸引人忍不住去点击的还是它的广告文字。

3. 目标人群

对于自己的产品，我们要去了解其所对应的目标人群。然后再去选择自己所面向的人群来投放。这样可以有效地去提高广告所带进来的流量的转化率。

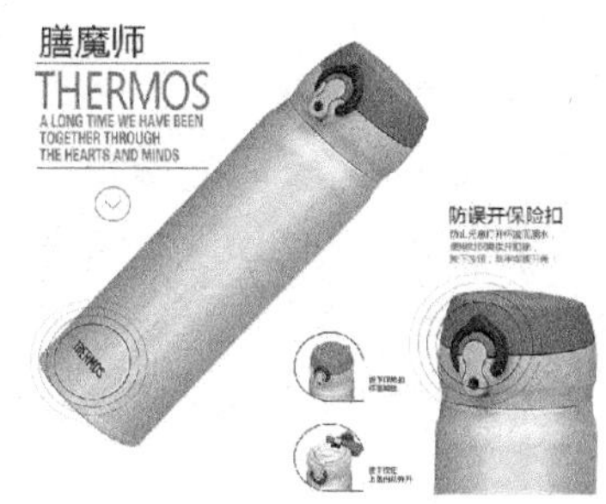

图 6-43 广告文字

还有一个就是按照地域投放，地域是最容易选择的，因为我们电商主要面对的群体以网络使用群体为主，所以我们可以直接选择几个网络比较发达以及消费水平相对较高的地域来投放。

4. 投放时段

最后一个就是投放时段的选择，我们要选择转化率高和流量高峰时段来投放，让我们的广告产生最大的效果。

建议从两个方面来选取投放时段：

买家的作息时间：一般在上午 10 ~ 12 点，下午 15 ~ 17 点，晚上 19 ~ 22 点是买家购物的高峰，选择这些时间段投放最好。

客服的作息时间：确保在广告投放时段内有客服在线，这样客户的购买率会上升，客户体验也会提高。

做好钻石展位的推广，一定要根据自己店铺的情况，做出周密的计划，然后在实践中，根据反馈的信息及时做好调整的工作，这样才能以最少的钱来做到最大的推广效果。

6.6 使用直通车疯狂推广

淘宝直通车推广，用一个点击，让买家进入你的店铺，产生一次甚至多次的店铺内跳转流量，这种以点带面的关联效应可以降低整体推广的成本和提高整店的关联营销效果。同时，淘宝直通车还给用户提供了淘宝首页热卖单品活动和各个频道的热卖单品活动以及不定期的淘宝各类资源整合的直通车用户专享活动。

6.6.1 什么是直通车

淘宝直通车是由阿里巴巴集团下的雅虎中国和淘宝网进行资源整合，推出的一种全新的搜索竞价模式。直通车竞价结果不仅可以在雅虎搜索引擎上显示，还可以在淘宝网以全新的图片 + 文字的形式显示展示。每件商品可以设置 200 个关键字，卖家可以针对每个竞价词自由定价，并且可以看到在雅虎和淘宝网上的排名位置，并按实际被点击次数付费。

淘宝直通车推广原理是根据宝贝设置的关键词进行排名展示，按点击扣费，具体如下。

（1）如果想推广某一个宝贝，首先为该宝贝设置相应的关键词及宝贝标题。

（2）当买家在淘宝网通过输入关键词搜索商品，或按照宝贝分类进行搜索时，就会展现你推广中的宝贝。

（3）如果买家通过关键词或宝贝分类搜索后，在直通车推广位点击你的宝贝，系统就会根据你设置关键词或类目的出价来扣费的。

直通车账户对于推广宝贝的数量没有限制。可以根据自身需求进行选择推广宝贝的数量，建议可以率先推广店铺中的优质宝贝，同一类型的宝贝尽量不要重复推广。

6.6.2 直通车的优势

淘宝直通车是为淘宝卖家量身定制的，按点击付费的效果营销工具，实现宝贝的精准推广。淘宝直通车推广，在给宝贝带来曝光量的同时，精准的搜索匹配也给宝贝带来了精准的潜在买家。

6.6.3 开通直通车账户

加入淘宝直通车具体操作步骤如下。

（1）登录到淘宝后台，单击“营销中心”下的“我要推广”，如图 6-44 所示，进入到淘宝营销中心页面，单击“淘宝直通车”图标，如图 6-45 所示。

图 6-44 单击“我要推广” 图 6-45 单击“淘宝直通车”图标

（2）进入淘宝直通车首页后，在页面右边可以看到“账户未激活”，单击“我要充值”超链接，如图 6-46 所示。

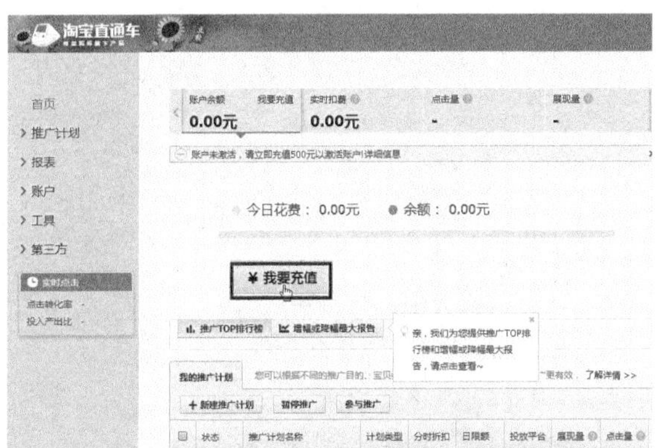

图 6-46 单击“我要充值”超链接

（3）打开直通车充值页面，淘宝直通车第一次开户需要预存 500 元以上的费用，这 500 元都将用于你接下来的推广中所产生的花费，选择好充值金额后，单击底部的“立即充值”按钮，如图 6-47 所示。经过支付宝的充值操作以后，返回到直通车主页，账户就开通并且可以使用了。

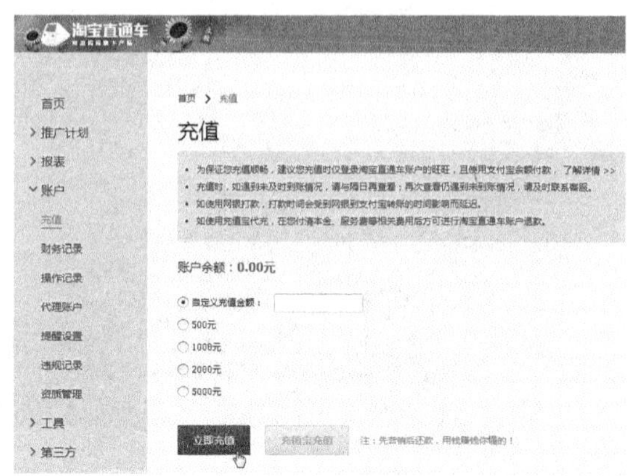

图 6-47 单击“立即充值”按钮

第 7 章

微信电商卖土特产

对于个人在微信上卖产品，和在淘宝网上销售有很大的区别。建议做微信营销的朋友都申请一个公众号，微信公众号可以更好地宣传产品，方便在朋友圈传播。如开展一些点赞送礼、分享有礼等营销活动，都要用到微信公众号。

7.1 微信电商的基本原则

移动电商究竟应该如何应对移动互联网时代的冲击？微信的电商平台发展战略非常清晰，一步一步，稳扎稳打，如今整个平台系统已经初步建成，只待与广大的企业一起构建一个完善的、充满活力的移动电商系统。

7.1.1 以用户为中心原则

以用户为中心原则，就是要在各个价值链环节都要“以用户为中心”去考虑问题。以客户为本是各行各业微店经营的根本，不论是传统行业还是新兴电子商务行业，都要十分重视用户这一部分。

以用户为中心原则主要有两大秘诀：一是参与感；二是用户体验至上。

参与感，首先要让用户参与到微店的设计当中去，这样不仅可以有效地拉近买卖双方的距离，同时也可深入地了解潜在客户想要的是什么，把用户的思想结合到你的设计中去，学会换位思考。

其次要让用户参与到品牌传播中，即粉丝经济。我们要学着怎么去经营粉丝、培养忠实粉丝，从而达到社群经济效应。掌握好粉丝，就为今后的营销打下了一个坚实的基础，粉丝的力量是一股不可小觑的力量。

用户体验是一种纯主观、在用户接触产品过程中建立起来的一种感受。“用户体验至上”应该贯穿品牌与消费者沟通的整个链条，品牌建设的过程，就是打造用户体验的过程。所有环节的产品或服务，都是为了提高用户体验。

7.1.2 免费粉丝流量原则

互联网流量就是指互联网用户在网上浏览页面时所产生的流量，流量不仅仅是困扰传统行业的一个问题，同时也是困扰互联网行业的一个话题，再好的产品，再好的模式，没有流量就无法生存。

如何提高流量呢？免费往往是获得流量的首要策略。让用户没有成本，这样在产品上会不断产生创新，然后再建立其他的商业模式。这才是互联网和移动互联网的法则。

对于一家需要赚钱的微店来说，流量是非常重要的，这也是为何从互联网到移动互联网，“入口”这一说法依旧十分流行的原因。

7.2 微信朋友圈

微信现在受到越来越多用户的喜爱，使用微信的朋友也越来越多，在微信里有一个功能，就是微信朋友圈，可以在这里发布图片和文字，同时也可以看到好友发布的消息和图片。

7.2.1 朋友圈界面

几张漂亮的照片、几句简单的文字，都可以形象直观地表达用户的经历和情感。虽然微博可以发布文字和图像信息，但是朋友圈更侧重的是熟人的关系，主要在熟人间进行互动。其他用户甚至不能看到非好友的回复，增强了信息传递的准确性和私密性。

（1）登录微信后切换至“发现”选项卡，单击“朋友圈”按钮，如图 7-1 所示。

图 7-1 进入“朋友圈”界面

（2）在朋友圈界面轻触上部区域可以更换主题照片，可以从手机相册中进行选取，如图 7-2 和图 7-3 所示。

图 7-2 更换相册封面照片

图 7-3 更换图片

7.2.2 朋友圈发布信息

喜欢玩微信的都知道，朋友圈就相当于自己的一个专属相册，有什么好的产品都可以发上去与大家分享。建立完相册封面后，便可以开始发布照片。

（1）单击朋友圈界面右上角的相机按钮，可以选择拍照或从相机相册选择，如图 7-4 所示。

（2）选取完照片后，发送照片可以选择公开或私密的形式，还可以提醒他人查看、显示所在城市等，如图 7-5 所示。

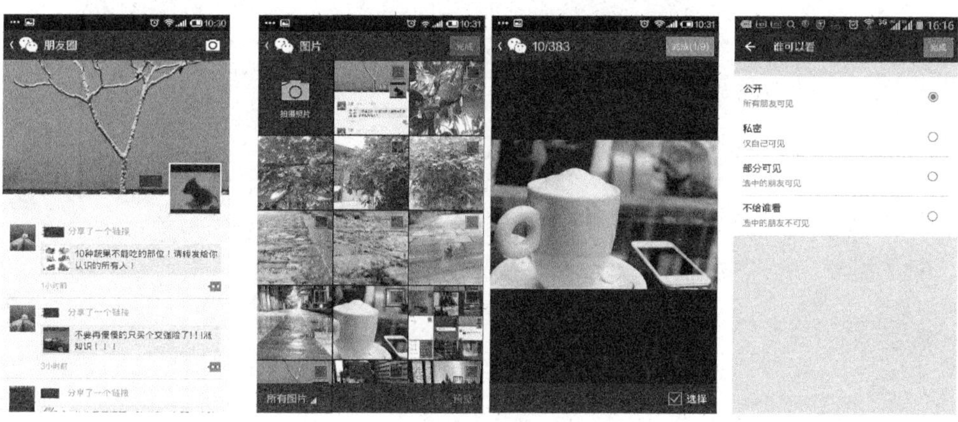

图 7-4 朋友圈　　　　图 7-5 选择照片

（3）照片发布完毕，朋友甚至自己都可以对照片进行评论或点“赞”，如图 7-6 所示。

图 7-6 评论照片

7.2.3 朋友圈的营销布局

微信朋友圈营销时需要布局哪些内容呢?

1. 相册封面

每个人的朋友圈就是一个独立的主页，上面的相册封面就是招牌。相册封面可以选择哪些内容呢?

（1）个人的照片。

（2）微店优势产品的图片。

（3）微店的品牌与Logo。

（4）微店公众平台的账号。

（5）微店的核心广告语。

（6）微店的服务热线。

（7）微店的地址。

2. 朋友圈信息发布

（1）图片：微店产品、自己的工作与生活照片、微店照片、团队照片、客户案例。

（2）文字内容：正能量的学习与心得分享、与微信定位相关的内容分享、分享圈内朋友感兴趣的内容。

7.2.4 朋友圈的营销技巧

目前微信朋友圈有海外代购、地方特产服装等各种买卖交易。在微信做朋友的生意是一种新的电商“朋友销售模式”。有些人在朋友圈营销，获取了极大的收益，也交到了更多的朋友。在朋友圈营销需要哪些技巧呢?

1. 建立关系的技巧

（1）要别人对你印象深刻，可以主动出现在别人的面前。首先可以主动去赞和评论微信的朋友圈动态。有时间可以去打招呼，发一些有意思的、容易让人记住的话。

（2）每天筛选 20 个朋友，用心阅读并回复相应的话题。

（3）要让别人关注自己，一定要让别人觉得自己的存在跟对方有关系，让对方有存在感。在微信朋友圈发动态的时候可以多发一些互动性的动态，多问问朋友问题，发一些跟朋友有关的话题。

（4）在讨论中挖掘朋友的需求，并主动为大家提供解决方法的参考内容。

2. 内容编辑的技巧

（1）与微店“核心产品”有关的话题。微信朋友圈营销的重中之重就是“品牌产品的塑造”，品牌产品的专业展示是营销的基础，所以每天发一条“专业知识”。要注意的细节是，尽量把内容做成“连续性”的，吸引粉丝再次关注。

（2）分享客户现场体验的评价。

（3）偶尔分享与自己生活有关的话题，比如吃喝玩乐等。

（4）要懂得加入一点惊喜，适当地可以要求转发。

（5）分享内容要做到“图文并茂”，图片必须符合文字的内容。

（6）链接分享必须要加上自己的引导式总结内容。

（7）字数注意。如果字数太多，朋友圈动态就只会显示一行字，然后剩下的隐藏起来了。要想让顾客能完整的读完自己的动态，理解动态的含义，最好是能让动态全部显示出来。要实现让顾客觉得你的内容不错，或者引起共鸣，那么字数也不能太少，建议是 80 ~ 110 个字最好。

（8）表情。如果顾客的朋友多，那么每天的朋友圈动态可能比较多，那么怎样才能吸引顾客的眼球，看到并注意自己的动态呢？表情就能解决这个问题，因为表情可以让文字更生动化。

3. 分享推送的技巧

虽然朋友圈没有转发，但是依旧可以实现复制并分享，引导用户分享产品并给予优惠，是很好的传播方法。

（1）分享话题最好的时间是晚上 20:00 ~ 00:00，抓住朋友最多的碎片时间。

（2）链接分享最好的时间晚上 00:00 之后，第二天微友朋友圈绝大部分的内容都是你的。

（3）客户案例与故事一定要即时分享，才能够在第一时间借力客户形成营销裂变。

（4）尽管朋友圈的信息不会直接推送用户形成打扰，但我们同样不建议用刷屏的形式进行推广，每天发布的条数可以控制在 5 条左右，每隔一段时间发布，让他们在看朋友圈的时候，都偶尔会看到，然后吸引他们点进来看你的全部消息。

7.2.5 朋友圈植入广告的方法

在朋友圈能积极努力去做营销固然很好，但是一定要有一个度，千万不要影响了用户体验。下面介绍一些常用的广告植入方法。

1. 自己试用

一个产品好与坏，第一说服力就是卖的人自己是否使用，为了打消客户的某些顾虑，可以上传自己试用的照片和体会，也能让好友感觉更亲切，如图 7-7 所示。

图 7-7 自己试用

2. 客户评价

自己宣传自卖自夸，这样转化会比较低，要是有第三个人说你的产品好，往往更容易得到用户的认可。例如客户对产品的评论、聊天记录等。如图 7-8 所示为客户评价。

3. 工作照片

要证明你推荐的产品好，可以从工作环境入手，例如大量包裹单、生产基地等，如图 7-9 所示。

图 7-8 客户评价

图 7-9 生产基地照片

4. 品牌文章分享

要想使产品有说服力，品牌形象一定要做得比较好，所以适当地宣传品牌还是有必要的，尤其是对于要打造新品牌的朋友来说。

5. 产品介绍

直接对一个产品进行描述，虽然看起来相对来说广告比较“硬”，效果可能差一些，但是对于一些需要展示的产品来说，也是必不可少的。例如被子、十字绣、衣服，都是需要看图片的。

6. 活动

例如抽奖、赞就送、折扣等活动，用折扣或者优惠来吸引眼光。如图 7-10 所示为集赞活动。

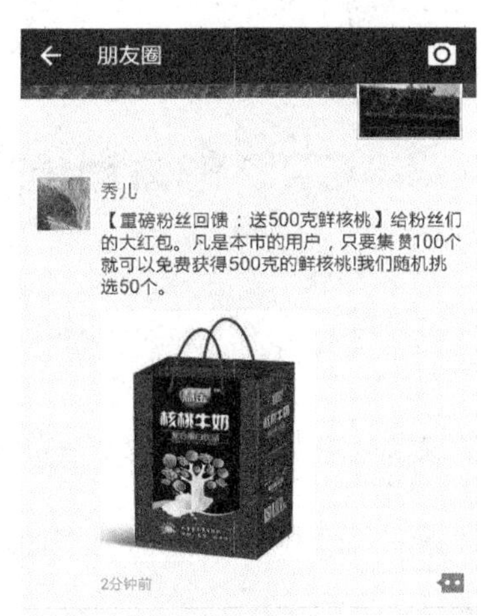

图 7-10 集赞活动

朋友圈分享集赞是现在大家最常用的微信活动，微信公众平台加朋友圈，威力无穷。假设一个人有 100 个好友，如果公众平台有 1000 个订阅用户，分享后就有 10 万人可以看到此信息，也算是微信中的病毒传播，继续分享扩散，会迅速增加关注量和活动的效果。但想要增加朋友圈的分享数量，还要看活动的力度和奖品的价值。

7.2.6 朋友圈里的农产品经纪人

李云峰是山里人，大学毕业后一直在上海、杭州和北京闯荡，最后一份工作是一家网上商店的商品主管。2014 年 9 月，他因事回家乡，待的时间比较长，和乡亲们接触多了，才发现村里的原生态土货真不少，茶叶、笋干、土鸡……可是他们缺乏销路。

一个念头瞬间在他脑海里产生：何不凭借自己广阔的朋友圈把乡亲们的土货销出去？第一次尝试，李云峰选择的是自家的白茶和深山里采摘的绿茶，在微信上一晒，上海和北京的朋友就纷纷下单。结果，很快卖到脱销，还把乡亲们家里的干茶也销售一空。

在这之后，朋友们常常以微信、电话或短信形式询问，是否有更多地道的山里土货。而在老家，乡亲们也时常来串门，问他还需不需要笋干、土鸡蛋等，能不能帮忙销售出去。

经过深思熟虑，李云峰决定辞去工作，回乡当“土老板”，把乡亲们的正宗土货卖到大城市去，成了一个农产品经纪人。

7.3 O2O 的营销模式

O2O 营销模式的关键是：在网上寻找客户，然后将他们带到网下的实体店中。它是支付模式和为店主创造客流量的一种结合，实现了网上引流网下购买。

7.3.1 什么是 O2O 营销模式

所谓 O2O 就是 online to offline，O2O 通过打折、提供信息、服务预订等方式，把线下商店的消息推送给互联网用户，从而将他们转换为自己的线下客户，这种营销模式特别适合必须到店消费的商品和服务，例如珠宝、餐饮、健身、看电影、美容美发、摄影等服务。

美团、拉手、窝窝团这类传统团购网站，他们的模式既包含了 O2O 的成分，也包含 O2O 以外的东西。

而近几年，除网购快消品发展较快外，网购大件商品也开始呈热门趋势。特别是 2015 年，一些知名的家具企业纷纷开设线上平台，同时也有家具电商企业开设了线下体验馆，O2O 模式在家具行业大行其道。美乐乐家居采用也是比较典型的 O2O 营销模式。美乐乐通过线上引流将客户流量转化至线下体验馆进行体验购物，进而完成 O2O 的生态闭环。

美乐乐的客户多数已经在网上看到了较为心仪的产品，到体验馆来主要是做用户体验，消费者的目的性较为明确。尤其是家具这样的大件非标准化产品，人们更愿意亲手触摸到产品的质量后再决定是否下单。因此，O2O 模式的存在就格外重要。如图 7-11 所示的是可以在美乐乐微信商城订购商品，也可以在微信上查找体验馆的位置，如图 7-12 所示。

图 7-11 微信商城线上订购商品

图 7-12 查找体验馆的位置

如图7-13和图7-14所示，可以在线下的体验店进行体验购物。

图7-13 美乐乐体验店门面

图7-14 美乐乐体验店

7.3.2 O2O营销模式的优势

O2O模式的优势在于，订单在线上产生，每笔交易可追踪，展开推广效果透明度高。让消费者在线上选择心仪的服务再到线下享受服务。

1. O2O对用户的好处

（1）获取更丰富、全面的商家及其服务的内容信息。

（2）更加便捷地向商家在线咨询并进行购买。

（3）获得相比线下直接消费较为便宜的价格。

2. O2O对商家的好处

（1）能够获得更多的宣传、展示机会吸引更多新客户到店消费。

（2）推广效果可查、每笔交易可跟踪。

（3）掌握用户数据，大大提升对老客户的维护与营销效果。

（4）通过与用户的沟通，更好地了解用户心理。

（5）通过在线有效预订等方式，合理安排经营节约成本。

（6）更有利于拉动新品、新店的消费。

（7）降低线下实体对黄金地段旺铺的依赖，大大减少租金支出。

3. 对 O2O 平台本身的好处

（1）与用户日常生活息息相关，并能给用户带来便捷、优惠、消费保障等作用，能吸引大量高黏性用户。

（2）对商家有强大的推广作用及其可衡量的推广效果，可吸引大量线下生活服务商家加入。

（3）数倍于 C2C、B2C 的现金流。

（4）巨大的广告收入空间及形成规模后更多的盈利模式。

7.3.3　玩转农产品 O2O

随着移动互联网的快速发展，O2O 服务企业的崛起，在 2014 下半年市场上迅速涌现了以 360 大米、生鲜 O2O 等一大批农产品 O2O 优秀项目。如何才能做好农产品 O2O 呢？

1. 产品是关键

安全性是农产品最重要的，建立一套成熟的安全机制对农产品 O2O 创业企业的发展至关重要。

2. 线上线下须磨合

线下对特殊环境的适应能力，市场的把握能力，线上对反馈信息的快速处理与应用，线下线上把质量和优势发挥到最佳，都需要一定时间的磨合。

3. 突出特色做形象

农产品 O2O 的线下终端，其主要职能是让用户现场体验消费特色、突出品牌形象、面对面沟通等，拿一些特色产品做活动，彰显特色服务，是农产品 O2O 线下终端凝聚人气的重要目标。如图 7-15 所示农产品 O2O 特色产品做活动。

图 7-15　特色产品做活动

4. 通过互动强黏性

农产品 O2O 线下终端，其聚集人气是为了更好地服务网络会员和商圈周边会员，既承载线上会员活动，又聚集商圈周边的会员开展活动，突出品牌社群的线上线下互动，增强品牌与用户间的黏性，是农产品 O2O 线下终端建设的重要目标。如图 7-16 所示的是通过互动增强用户黏性。

图 7-16 通过互动增强用户黏性

5. 合作共同客户资源

农产品 O2O 线下终端业态大多是便利店、食品超市、社区店等，其可以和餐饮店、在线教育、家政等服务终端多多合作，或共同发放优惠券、折扣卡、会员卡等活动，让消费者得到更多实惠，共同拉升人气。

7.4 线上活动式营销

线上活动是指依托于网络的，在网络上发起，并全部或绝大部分在网络上进行的活动。

7.4.1 线上活动式营销的含义

活动营销是指微店通过整合有效的资源策划大型活动而迅速提高微店及其品牌

知名度和影响力，促进产品销售的一种营销方式。如图 7-17 所示的是线上活动营销。

图 7-17 线上活动营销

线上活动是近年来比较流行的一种网络活动，它不受场地、空间、时间、资金的限制，只要你有好的策划和创意，线上活动就能够生机盎然。20 世纪 90 年代后期，互联网的飞速发展给活动营销带来了巨大契机。通过网络，一个事件或者一个话题可以更轻松地进行传播和引起关注，成功的活动营销案例开始大量出现。

活动式营销的意义如下。

1. 提升品牌的影响力

一个好的活动营销不仅能够吸引消费者的注意力，还能够传递出品牌的核心价值，进而提升品牌的影响力。关键就是要将品牌核心价值融入到活动营销的主题里面，让消费者接触活动营销时，自然而然地受到品牌核心价值的感染，并引起消费者的情感共鸣，进而提升品牌的影响力。

2. 提升消费者的忠诚度

活动营销专为消费者互动参与打造的活动，活动对消费者的参与和大众的关注，产品和品牌形象深度影响了消费者，更能够提升消费者对品牌的美誉度，进而提升消费者的忠诚度。

3. 吸引媒体的关注度

活动营销是近年来国内外十分流行的一种公关传播与市场推广手段，集新闻效应、广告效应、公共关系、形象传播、客户关系于一体，并为新产品推介、品牌展示创造机会，建立品牌识别和品牌定位，形成一种快速提升品牌知名度与影响力的营销手段。

7.4.2 利用微信活动式营销卖菜案例

随着高科技电子设备的逐渐普及，在路上随处可见人手一部智能手机，其中微信是一款常见的装机必备软件，微信营销应运而生。

近日，一个名为“小农女送菜”的微信账号在网上走红，用户可以在微信中选择自己心仪的菜，下单后就可以等着“小农女”送菜上门了，生意十分火爆，如图 7–18 所示。

图 7–18 微信卖菜

目前注册商户超过 20000 家，单日销售额达到 70 万元，年销售额达 2.5 亿元。这一成功案例让不少商家跃跃欲试，但在真正想要付诸实践的时候，却发现根本无处下手。

小农女团队选择的送菜地点主要在深圳，微信用户可以在前一晚用微信预订，小农女团队会在早上 5 点采购菜品，并在下午 3 点多以前完成对食材的装配，通过自建物流完成下午 4 ~ 6 点的配送。

下面分析一下小农女成功的几个要点。

（1）从“卖菜”到“小龙女”再到“小农女”名字很有创意。

（2）宣传广告的成功在于内容，短短几秒内能不能吸引人就看内容，小农女宣传广告上印有扫一扫二维码送菜，肯定能吸引人们去拿手机扫一扫，如图 7-19 所示。

（3）小农女团队每天送出 30 个特价单，每单赔 10 元，售价 9.9 元，但是必须要把图文信息分享到自己朋友圈才有机会获得特价菜。

（4）每天都有蔬菜的检测报告，如图 7-20 所示。

图 7-19　宣传广告

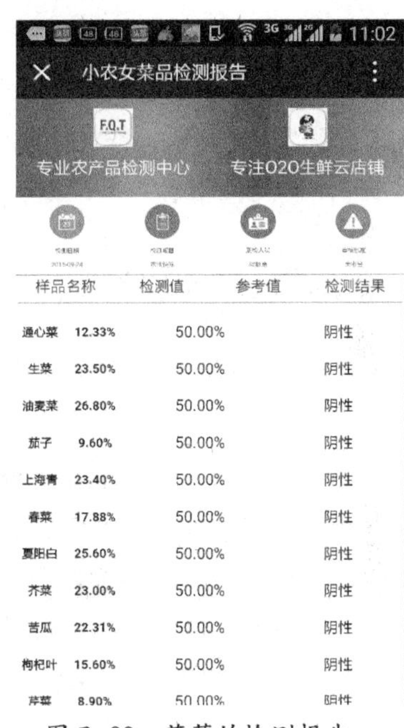

样品名称	检测值	参考值	检测结果
通心菜	12.33%	50.00%	阴性
生菜	23.50%	50.00%	阴性
油麦菜	26.80%	50.00%	阴性
茄子	9.60%	50.00%	阴性
上海青	23.40%	50.00%	阴性
春菜	17.88%	50.00%	阴性
夏阳白	25.60%	50.00%	阴性
芥菜	23.00%	50.00%	阴性
苦瓜	22.31%	50.00%	阴性
枸杞叶	15.60%	50.00%	阴性
芹菜	8.90%	50.00%	阴性

图 7-20　蔬菜的检测报告

7.5　二维码营销

据业内预测，2012 年二维码市场规模将达到 300 亿元，到了 2015 年，二维码市场将超过 1000 亿元。

7.5.1　什么是二维码营销

二维码是用特定的几何图形按一定规律在平面（水平、垂直二维方向上）记录数据信息，看上去像一个由双色图形相间组成的方形迷宫。二维码信息容量大，比普通条码信息容量约高几十倍。同时，二维码误码率不超过千万分之一，比普通条码低很多。另外，二维码编码范围广，可把图片、声音、文字、签字、指纹等可数字化的信息进行编码，易制作，成本低，持久耐用。

与以往所有的营销手段相比，二维码营销像是拥有了一家便捷的“移动商铺”。户外广告有面积的限制，平面媒体有版面的约束，电视广告则有时间的考虑，而二维码由于具有相当大的信息量则完全可以忽略这些制约因素，让消费者在其最感兴趣的时候，用手机及时浏览微信上的所有内容。如图 7-21 所示为二维码线下营销。

图 7-21 二维码线下营销

7.5.2 农产品二维码营销

随着电商成为大势所趋，而褚橙、柳桃、潘苹果更是为农村品的互联网营销树立了榜样。

传统农产品销售模式流程过长，各环节逐级加价，流通环节和库存损耗严重，资金周转缓慢，大家都挣不到什么钱。此外，传统农产品的生产者和经销商缺乏品牌意识，没有统一的品牌包装，也没有统一的规格标准，导致产品无法通过品牌推广实现品牌溢价销售。很多优质的农产品，就是由于缺乏品牌包装和推广平台，很难获得广泛的市场认可，这就是为什么卖橙子的那么多就只出了一个褚橙。

众多互联网巨头都在紧盯着农产品这块市场，但国内农产品也存在大量问题，造假、农药超标等一系列问题困扰着消费者的购买。通过扫描农产品二维码能够让消费者全面了解农产品的出产、生长、物流等信息，甚至能统计到何时灌溉、除虫、采摘、何人负责等信息，能够有效杜绝生产者造假的现象，让各种的不透明因素暴露在消费者的眼前。如图 7-22 所示为农产品二维码推广。

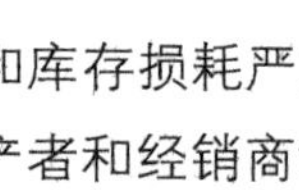

图 7-22 农产品二维码推广

近日，国内电商系统及服务提供商千米网推出了以二维码为核心的农产品电商专业解决方案，借此强力杀入农产品电商市场，帮助农产品品牌供货商快速实现多渠道的电商分销。

超市应该在顾客关注度更大的蔬菜、生果、肉制品、水产品等方面张贴二维码，这样会得到更多顾客的欢迎，对着展牌上张贴的二维码轻轻一扫，就会当即获取展牌下面销售的产品是哪里种植的，种植面积多少，是什么品种等。

7.6 互动式营销

网络互动营销，不同于传统营销方式，是一种以网络为媒体实施的双向营销方式。传统营销方式，例如广告牌、宣传手册、电视等，只是一厢情愿地向未知的对象散发、灌输信息。而网络互动营销能做到在厂商与用户之间实现双向的沟通，最后有针对性地向明确的目标群投放信息，并及时得到用户的反馈，从而最终帮助厂商推销出产品。

微信作为手机终端的即时聊天工具。可以实现互动的即时性，用户可以通过微信向商家提出各种各样的问题，商家在收到用户的消息后，可以及时地按照其需求做出相应的反馈。通过微信可以根据用户特点进行有针对性的互动。如图 7-23 所示为自动回复。

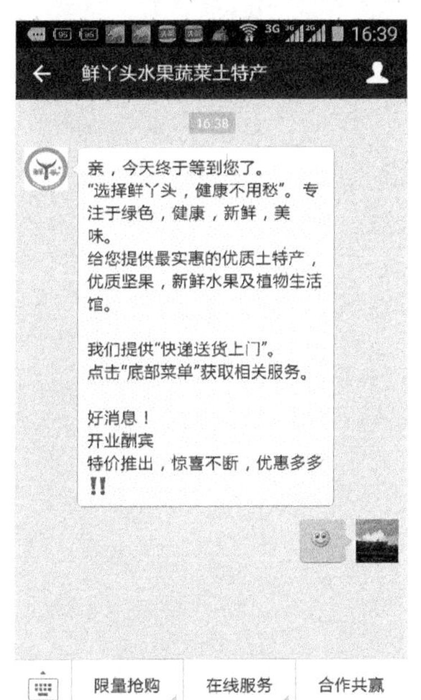

图 7-23 自动回复

微信公众账号除了可以向粉丝推送群发消息外，还能处理粉丝发来的消息，接收并回复粉丝的信息。这种可以回复的功能，让微信的营销变得非常强大。在后台可以“实时消息回复”与“自动回复设置”，如果能做好这两个回复的设置，那么一对一的互动营销将成为现实。

“自动回复设置”主要是微信公众账号后台通过设置关键词，给出相应的回复信息，一旦用户的消息中出现设置的关键词，那么系统就会自动回复给用户公众账号设置好的消息。

“实时消息回复”就是在微信公众账号的后台靠人工有个性化地回复粉丝的消息，不再是与一个冷冰冰的机器人在对话，感受到了商家的人情味，用户体验感上升，也会拉近粉丝与品牌之间的感情。

第 8 章

开设微店随时随地做生意

现在很多企业都意识到了微店中存在着商机。微店正呈爆发式增长，现在很多农产品网商正在或准备搭建自己的微店，这不是简单的跟风，而是移动互联网时代的必然趋势。据统计，自微店创建以来，短短几个月的时间，已有几千万的用户开了微店，增长的速度令人惊叹。

8.1 下载安装微店

随着电子商务的不断发展和进步，越来越多的人在手机上开始开店，手机带来的方便不言而喻。现在就给大家介绍一下手机下载和安装微店的方法，具体操作步骤如下。

（1）在手机上通过浏览器中输入 http://vdian.com/，进入微店平台，单击“免费开微店”按钮，如图 8-1 所示。

（2）弹出提示框，打开“选择操作”列表，单击“百度手机助手”按钮，如图 8-2 所示。

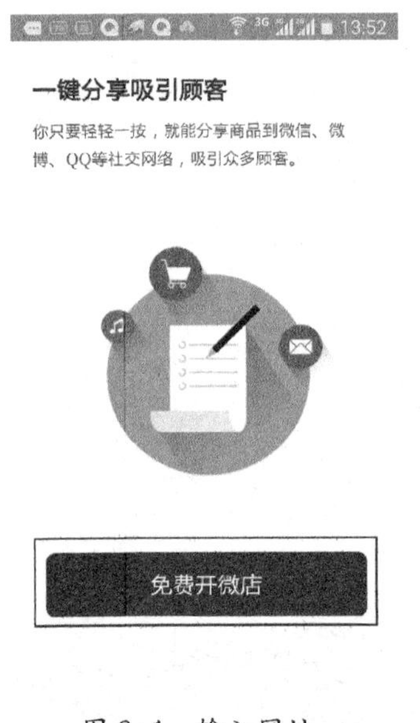

图 8-1 输入网址

图 8-2 下载微店软件

（3）打开如图 8-3 所示的页面，单击“安装”按钮。

（4）单击“下一步”按钮，如图 8-4 所示。

（5）提示微店安装成功，单击“完成”按钮，如图 8-5 所示。

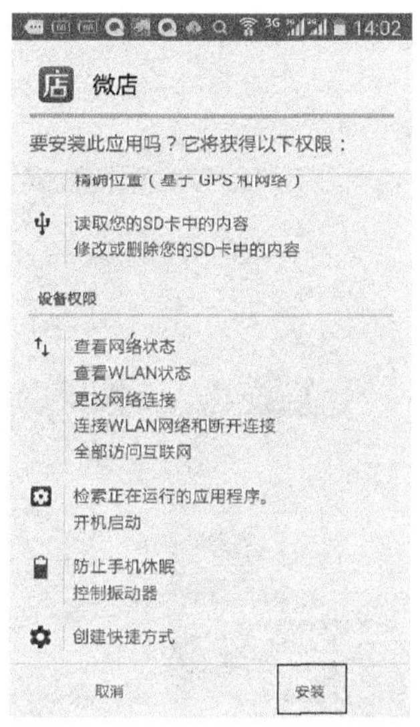

图 8-3 单击“安装”按钮

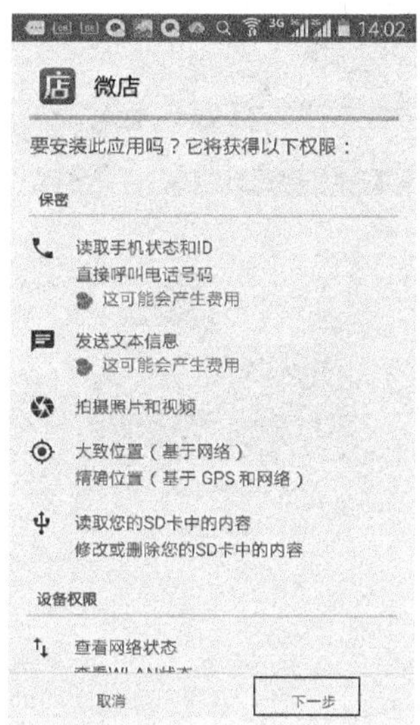

图 8-4 单击“下一步”按钮

图 8-5 微店安装成功

8.2 微店注册

微店注册具体操作步骤如下。

（1）启动微店，单击“开始体验”按钮，如图 8-6 所示。

（2）单击“注册”按钮，如图 8-7 所示。

图 8-6 单击“开始体验”按钮

图 8-7 单击“注册”按钮

（3）输入手机号码，单击右上角的“下一步”按钮，如图 8-8 所示。根据系统提示一步步操作即可，登录后如图 8-9 所示。

图 8-8 输入手机号码

图 8-9 登录到微店

8.3 快速了解微店

使用手机号码和密码登录，可以通过安装在手机上的微店程序登录，也可以通过微店网页版（www.vdian.com）登录。如果忘记密码也没关系，只要先输入自己的手机号码，再单击“忘记密码”，手机就会收到一个六位数的验证码，然后就可以重新设置密码，如图 8-10 所示。

登录之后，目前可以看到 12 个大的正方形色块，分别是：“微信收款”“微店”“订单管理”“销售管理”“客户管理”“我的收入”“促销管理”“我要推广”“卖家市场”“入驻市场”“分销市场”“海淘精选”。左下角是“消息中心”，右下角是“设置”，如图 8-11 所示。

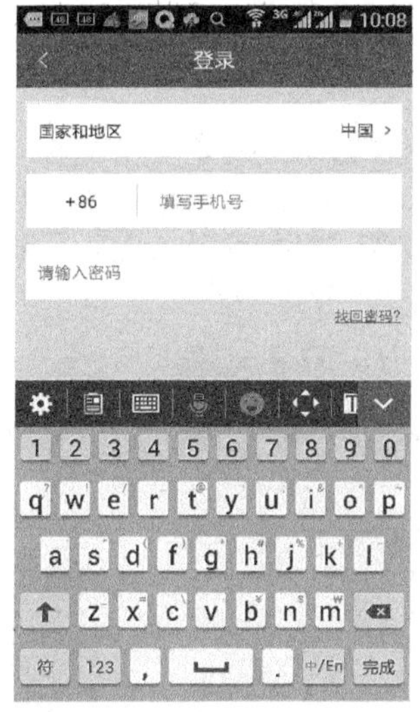

图 8-10 使用手机登录

图 8-11 微店

（1）微店。点击“微店”，进入到“微店管理”界面，这里可以微店头像、微店名称等，如图 8-12 所示。点击“店长笔记”，进入到如图 8-13 所示的界面。点击右上角的“添加”按钮可以添加笔记。点击如图 8-12 所示中的“微信收款”按钮，如图 8-14 所示的微信收款，其实是向微信好友收款，卖家设置好一个金额后，会自动生成一个付款链接，可以把这个链接发给微信好友，买家可以通过这个链接向卖家支付。如果有买家在你的微店里买了东西，买家和你砍价，你和买家谈妥价钱后，就可以使用微信收款。

图 8-12 “微店管理”界面

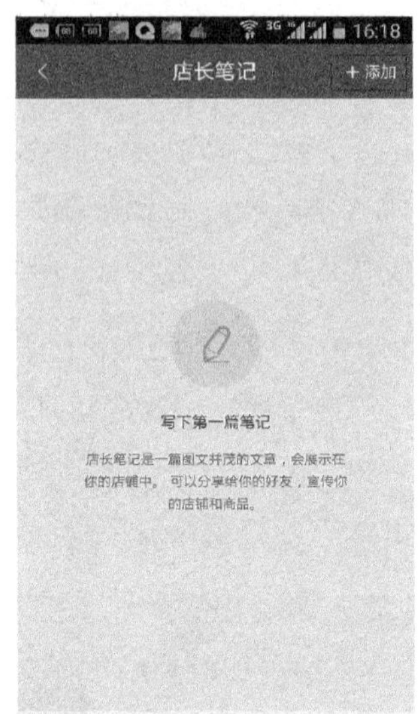

图 8-13 添加店长笔记

（2）商品。这是卖家常用的功能，可以查看添加商品信息，如图 8-15 所示。单击商品图片可以编辑商品详细信息，如图 8-16 和图 8-17 所示。

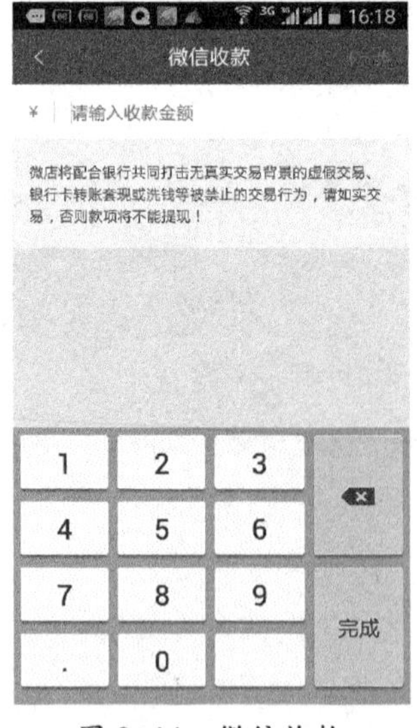

图 8-14 微信收款

图 8-15 查看添加商品信息

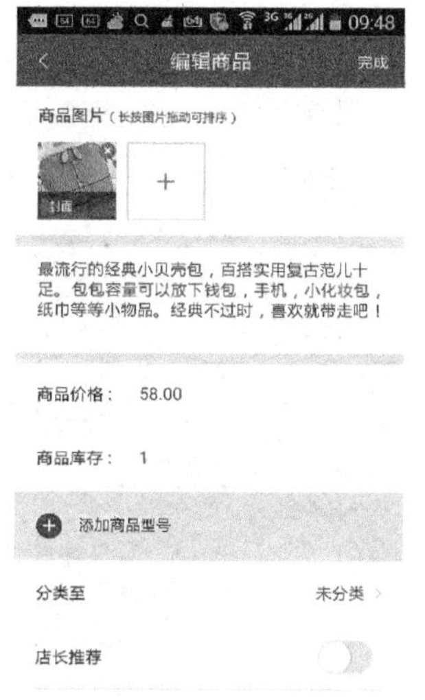

图 8-16 编辑商品

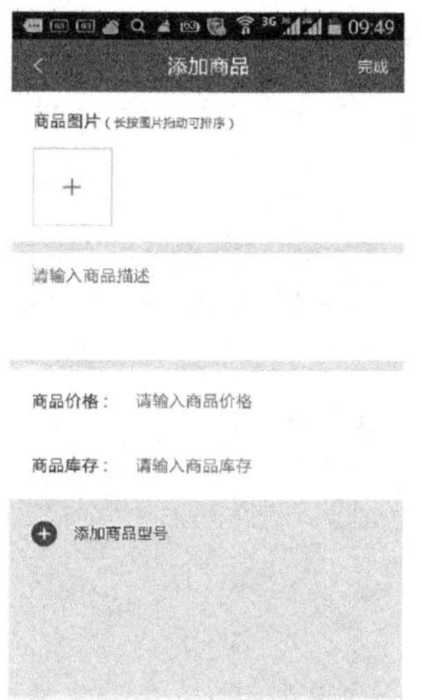

图 8-17 添加商品

（3）订单。这也是卖家常用的功能，主要是商品的订单管理，如图 8-18 所示。

（4）销售管理。销售管理有“成交订单”“每日金额”及“每日顾客”和“每日收藏”的具体数据，如图 8-19 所示。

图 8-18 客户管理

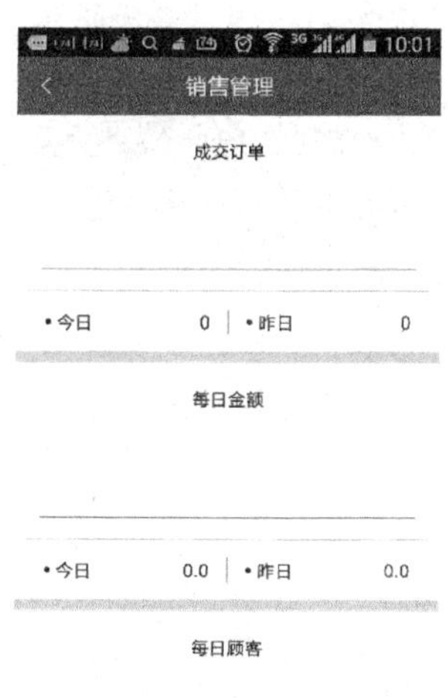

图 8-19 销售管理

（5）客户管理，如图 8-20 所示。

（6）我的收入。在这里可以绑定卖家的银行卡，卖家的收入会在交易次日自动提现到该银行卡，一般是 1 ~ 2 个工作日到账。单击“我的银行卡”，如图 8-21 所示。

图 8-20 客户管理

图 8-21 收入

（7）营销推广，如图 8-22 所示。

（8）微店商学院，如图 8-23 所示。

图 8-22 营销推广

图 8-23 微店商学院

（9）我要分销，如图 8-24 所示。

（10）微店买家版，如图 8-25 所示。

图 8-24　我要分销

图 8-25　微店买家版

8.4　设置店铺图标、店铺名称、微信号、店铺公告

微店目前不限制店铺相关信息的修改。你可以修改店铺图标、店铺名称、微信号、店铺公告等，具体操作步骤如下。

（1）单击“微店”，如图 8-26 所示。

（2）打开“微店管理”界面，单击店铺图标，如图 8-27 所示。

（3）进入“微店信息”界面。可以修改店铺相关的店标、店铺名称、微信号和店铺公告了，如图 8-28 所示。

图 8-26　单击“微店”

图 8-27　单击店铺图标

图 8-28　“微店信息”的界面

8.5 怎样开通担保交易

你的微店有没有开通担保交易呢？开通后客户看到你的商品，会有“已经开通担保交易”字样，客户会更加的信任，而且开通后还能参加更多的优惠活动。开通担保交易的有哪些好处呢？

（1）“附近的微店”优先推广开通了担保交易的微店。

（2）开通担保交易，就能报名官方活动。

（3）买家有保障，不用担心受骗，购买更放心。

（4）卖家扩大陌生买家市场，促成更多交易，提升购买转化率。

担保交易有助于吸引陌生客户下单，那么如何开通微店担保交易呢？

（1）单击“微店”，如图 8-29 所示。

（2）进入“微店管理”界面，单击“担保交易”，如图 8-30 所示。

图 8-29 单击“微店”

图 8-30 单击“担保交易”

（3）在打开的页面中勾选“已阅读并同意微店担保交易服务约定”复选框。点击“开通担保交易”，这里讲述了详细的担保交易注意事项，如图 8-31 所示。

（4）提示“开通担保交易后，需要联系客服，才能帮您取消担保交易设置。是否确认开通？”单击“是”，如图 8-32 所示，即可开通担保交易。

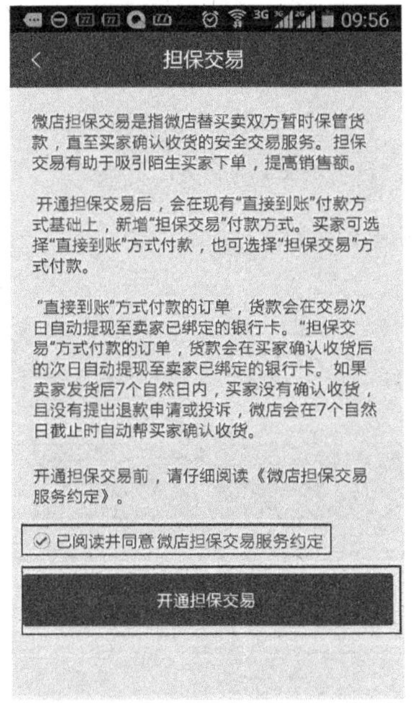

图 8-31 点击“开通担保交易”

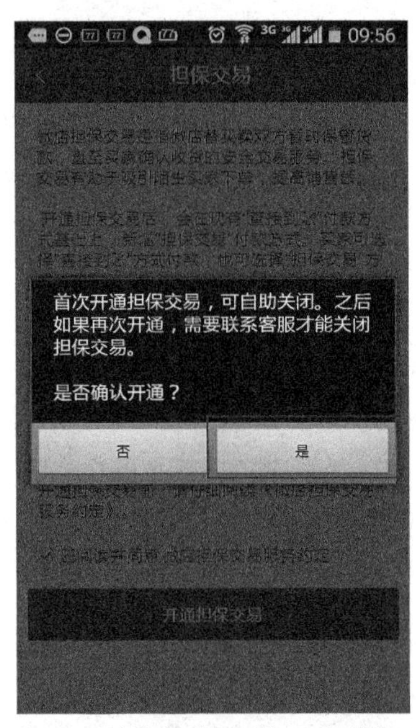

图 8-32 单击“开通担保交易”

8.6 在微店发布商品

手机登录微店之后，点击“商品”，如图 8-33 所示。单击底部的“添加新商品”按钮，如图 8-34 所示。就进入了添加商品的具体页面，必须填写的有 4 项：商品图片、商品描述、商品价格、商品库存，还有一个选填项，就是“添加型号”，如图 8-35 所示。

图 8-33 打开“微店”

图 8-34 添加商品页面

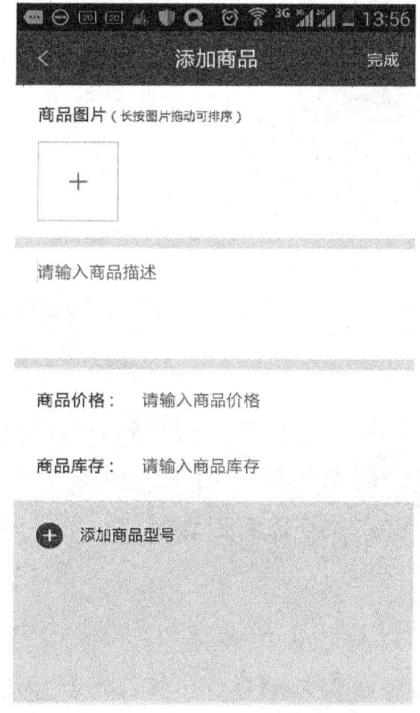

图 8-35 添加商品图

8.6.1 商品图片

单击“商品图片”下面的“+”号即可上传商品图片，可以拍照上传，也可以从手机相册里选择，最多可以上传 9 张图片，如图 8-36 所示。第一张图片是主图，会直接显示在卖家店铺里。买家进入你的微店后看到的商品就是这一张图，非常重要，所以一定要想好第一张图片放什么。如图 8-37 所示为添加完图片。

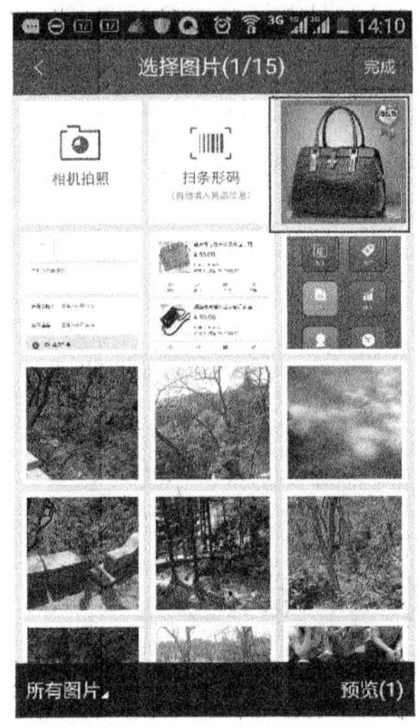

图 8-36 添加商品图片

图 8-37 添加完图片

8.6.2 商品描述

微店的商品描述没有那么复杂，不分商品标题、商品参数、商品详情等，就是直接一个填写框，可以填写大量的文字。

商品描述的前 20 个字非常重要，因为这些字和主图会在微店首页直接显示。这 20 个字最好包括商品名称、是否包邮、相关优惠等信息。商品描述时，一个段落不要字太多，可以分段，段落与段落之间最好空一行。

8.6.3 商品价格和库存

商品价格可以具体到分。卖家如何给商品定价？在商品是正品的情况下，建议比大的网上商城（如当当网、京东商城等）便宜一点点，哪怕是便宜一毛钱，不用便宜太多。

建议卖家设置的库存数量，要比实际的库存多一两件。例如，卖家某个商品实际只有 1 件，就可以设置 2 件甚至 3 件，因为买家只要提交订单，哪怕没有付款，库存也会减少。有些买家的订单没有支付成功，而又找不到原来的订单来支付，就会重新把他要的商品放到购物车。如果卖家设置的库存是 1，而买家提交了订单，虽未支付，但这个商品的库存变为 0，不会再在首页上显示，买家就找不到他想要的商品了，可卖家实际上还有一个库存。如果商品没有库存了，建议不要直接删除这个商品，把商品库存直接改为 0 即可，即表示下架。等重新进货后，只要改一下商品库存就可以重新上架，而不必再上传图片、商品描述、价格等。

8.6.4 商品型号

对于不同型号但价格一样的商品，不建议卖家使用这个功能。一般的型号，例如大小、尺寸、颜色等，卖家可以直接在商品描述里说明，告诉买家在“买家备注”里写明型号。如果一种商品有不同的型号，且价格不一样，可以把每个型号单独作为一个商品上传到自己的微店店铺，因为让买家在微店里选型号是一件有点麻烦的事情。

如图 8-38 所示设置的商品描述、商品价格和商品库存，经过以上步骤，单击右上角的“完成”，商品就添加成功了，如图 8-39 所示。

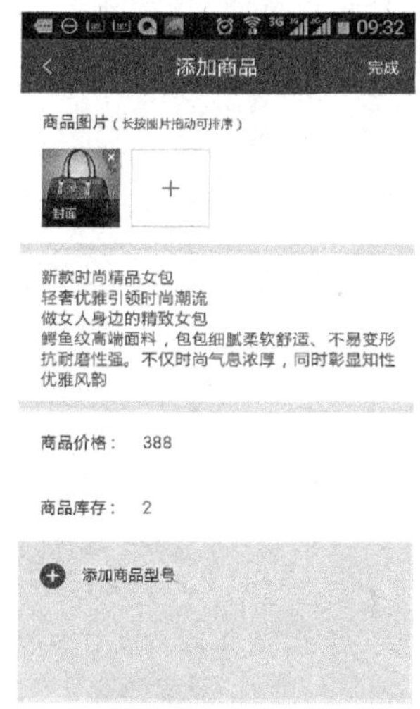

图 8-38 商品描述、商品价格和商品库存

图 8-39 商品添加成功

进入“微店”中，可以看到添加成功的商品，如图 8-40 所示。

图 8-40　微店

8.7　微店网页版对商品分类

在微店网页版可以对商品分类，具体操作步骤如下。

（1）微店网页版 http://v.vdian.com/，输入手机号，单击“下一步”按钮，如图 8-41 所示。

（2）打开如图 8-42 所示的页面，输入密码。

图 8-41　微店网页版

图 8-42　输入密码

（3）进入到“微店”后台管理页面，单击左侧的“分类管理”按钮，如图 8-43 所示。

图 8-43 单击“分类管理”

（4）进入到如图 8-44 所示的页面，单击“添加分类”按钮。

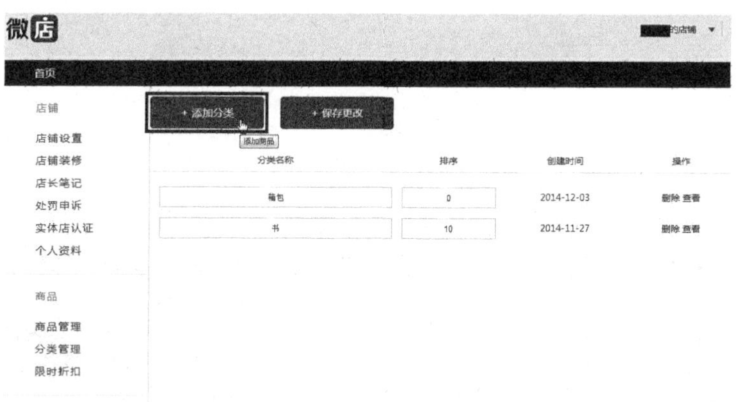

图 8-44 单击“添加分类”按钮

（5）在页面下方即可出现文本框，在文本框中输入“分类名称”，如图 8-45 所示。单击“保存更改”按钮，即可提示保存成功。

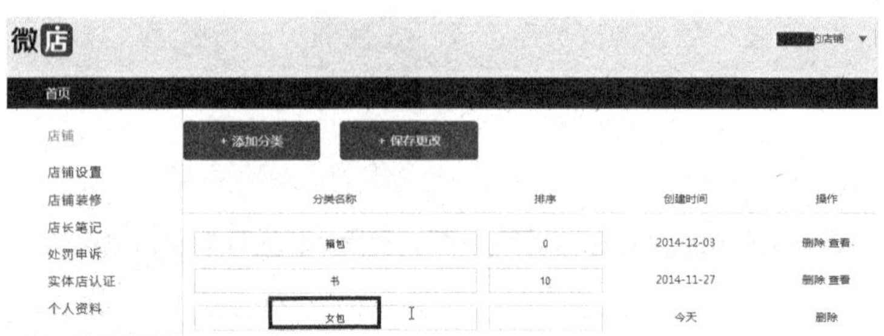

图 8-45 单击“添加分类”按钮

（6）商品分类添加成功后，单击“商品管理”进入商品管理界面，单击“分类至”下拉列表，勾选想要设置的分类，勾选想要设置在已勾选分类中的商品，单击“保存”，即可批量将商品设置在某个商品分类中，如图 8-46 所示。

图 8-46 商品分类

（7）单击“保存”后，商品分类已成功，如图 8-47 所示。

图 8-47 商品分类已成功

除了在“商品管理”界面设置外，还可以“编辑商品”进行分类设置。进入商品管理界面后，单击“编辑商品”，即可进入编辑商品界面，如图 8-48 所示。

图 8-48 单击“编辑商品”

在编辑商品界面，可以对该商品进行分类，勾选对应分类，单击“提交”即可，如图 8-49 所示。

图 8-49 编辑商品界面

进入我的微店，单击“商品”，进入到“出售中”的商品界面，如图 8-50 所示。

单击顶部的“分类”按钮，即可看到分类，如图 8-51 所示。

图 8-50 单击“分类”

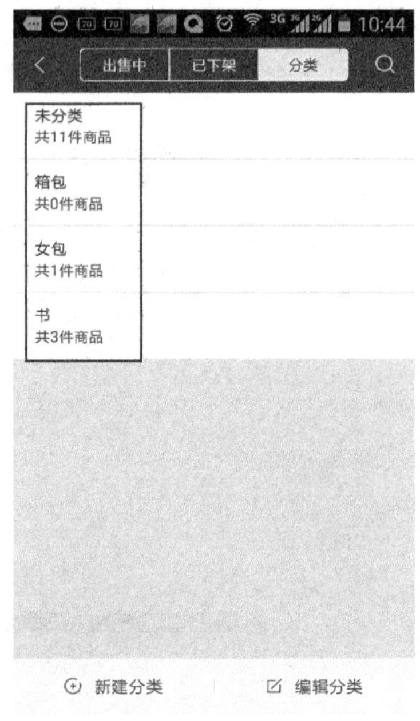

图 8-51 分类

8.8 推广自己的微店

任何人通过手机号码即可开通自己的店铺，并通过一键分享到 SNS 平台来宣传自己的店铺并促成成交，让你随时随地做生意，担保交易保证安全。

8.8.1 限时折扣

在微店中设置限时折扣的具体操作步骤如下。

（1）登录到微店，单击“营销推广”按钮，如图 8-52 所示。

（2）进入到“营销推广”界面，单击“限时折扣”按钮，如图 8-53 所示。

（3）单击右上角的“添加”按钮，如图 8-54 所示。

图 8-52 单击"营销推广"按钮

图 8-53 单击"限时折扣"按钮

（4）选择折扣商品，如图 8-55 所示。

图 8-54 单击"添加"按钮

图 8-55 选择折扣商品

（5）限时折扣，输入“折后价格”，如图 8-56 所示。

（6）单击右上角的“完成”按钮，添加限时折扣成功，如图 8-57 所示。

图 8-56 输入折后价格

图 8-57 添加限时折扣成功

8.8.2 私密优惠

特别的优惠给特别的客户，独有私密优惠功能，让你实现特定客户享有特定优惠折扣。

（1）登录到微店，单击“促销管理”按钮，进入到“营销推广”界面，单击“私密优惠”按钮，如图 8-58 所示。

（2）单击右上角的“添加”按钮，如图 8-59 所示。

（3）进入到“天津私密优惠”界面，输入“折扣”设置“开始时间”和“结束时间”后，单击右上角的“完成”按钮，如图 8-60 所示。

（4）打开“把优惠发给买家”界面，可以看到“私密优惠添加成功”字样，在这里可以把私密优惠通过以下方式发给相应的好友，如图 8-61 所示。

图 8-58 单击“私密优惠”

图 8-59 单击“添加”按钮

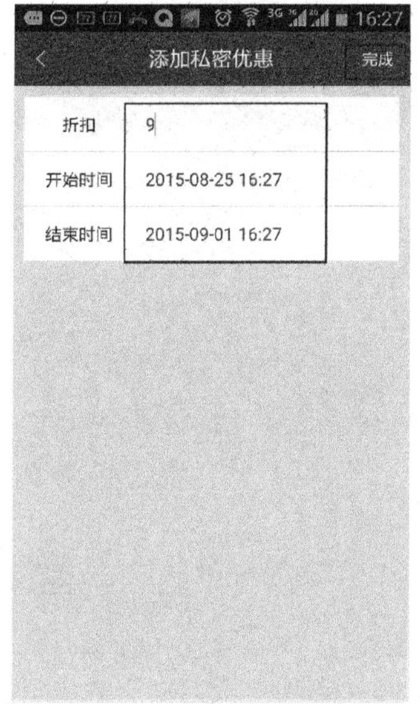

图 8-60 “添加私密优惠”界面

图 8-61 “把优惠发给买家”界面

8.8.3 友情店铺

大家都知道淘宝店铺管理中有友情连接的功能，合理利用这个功能可以提高店铺的人气，在微店中可以添加友情店铺，具体操作步骤如下。

（1）登录到微店，单击“营销推广”下面的“友情店铺”按钮，如图 8-62 所示。

（2）进入到“友情店铺”界面，在顶部的文本框中输入店铺名称或店铺网址或 ID，如图 8-63 所示。

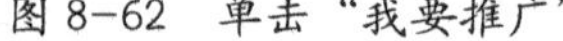

图 8-62 单击“我要推广”

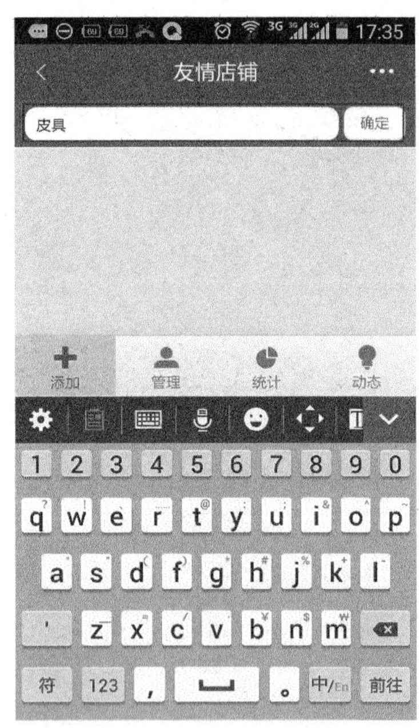

图 8-63 搜索友情店铺

（3）单击“确定”按钮，即可搜索到友情店铺，单击后面的“+”按钮，如图 8-64 所示。

（4）提示“等待验证”字样，如图 8-65 所示。

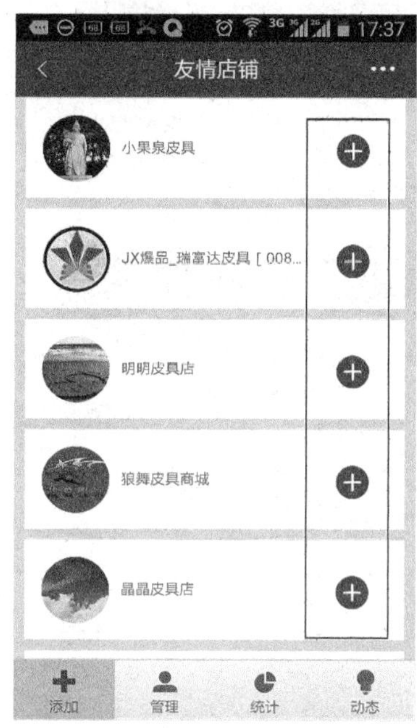

图 8-64　单击“+”按钮

图 8-65　等待验证

8.8.4　分成推广

微店分成推广是别人通过分享你的店铺到朋友圈促成购买获得佣金的方法，分成推广只对微信有效，只有从微信进入你的店铺才能看到你设置的分成推广。设置分成推广的具体操作步骤如下。

（1）登录到微店，单击“营销推广”下面的“分成推广”，如图 8-66 所示。

（2）打开“分成推广”界面，单击“同意”按钮，如图 8-67 所示。

（3）单击“选择佣金比例”，如图 8-68 所示。

（4）在这里设置佣金的比例，单击（1%）弹出如图 8-69 所示的“选择佣金比例”列表，在其中选择想要的佣金比例。

（5）弹出“确定对所有商品设定佣金比例 1%”对话框，单击“是”按钮，如图 8-70 所示。

图 8-66　单击“分成推广”

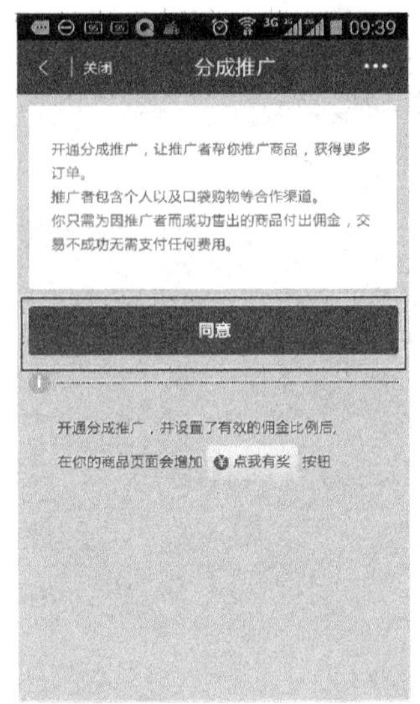

图 8-67　单击“同意”按钮

图 8-68　单击“选择佣金比例”

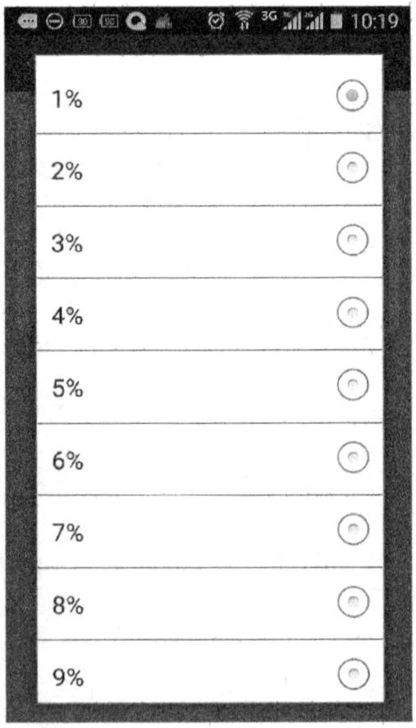

图 8-69　设置佣金的比例

（6）佣金比例设置成功，如图 8-71 所示。

图 8-70 确定设置佣金比例

图 8-71 佣金比例设置成功

8.8.5 口袋直通车

设置口袋直通车的具体操作步骤如下。

（1）登录到微店，单击“营销推广”下面的“口袋直通车”，如图 8-72 所示。

（2）进入到如图 8-73 所示的界面，单击“开通口袋直通车”按钮。

图 8-72 单击“口袋直通车”

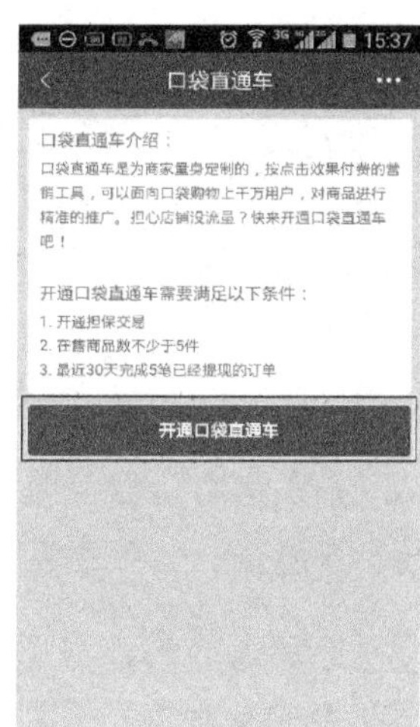

图 8-73 单击“开通口袋直通车”按钮

（3）在这里显示了口袋直通车的开通平台，按照上面的提示开通即可，如图 8-74 所示。

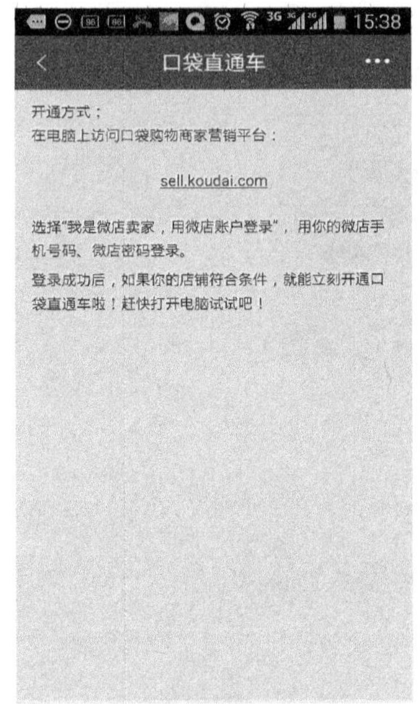

图 8-74 口袋直通车的开通平台

8.9 开“微店”拓宽农产品销路

农产品网上直销大大缩短了农产品从田间地头到市民餐桌的距离，解决了村民“卖难”和市民“买贵”的问题。

原生态农产品微信商城“万海丰瑞祥”从 2015 年 8 月 14 日开始试运营，如图 8-75 所示，主要销售新型保健水果、新奇特水果及失传水果。主要品种有无花果、洋菇娘、芝麻蜜、西甜瓜等。蔬菜主要有各种蔬菜西红柿、黄瓜、辣椒等。

为了保证货源和农产品质量，新奇特水果都是自己亲自试种，然后让合作社社员来种。建立了完善的从种植、采收、农残检测、包装、销售等全程的管理体系，农产品全部使用农家肥和有机肥，绝不使用化学商品肥料。

图 8-75　微店

微店开起来了，如何让更多人知道自己的小店？邀请朋友参加水果品尝会，在水果的口感、卖相获得认可后，有兴趣的朋友会将微店添加到自己的微信号中，成为分销商。

第 9 章

店铺“装修”中的视觉营销

顾客进来了，能否留住顾客、刺激顾客产生购买行为或将顾客变成买家？关键就在于店铺的装修设计，页面视觉体验，将直接影响到商品的销量。因此，视觉体验是店铺营销设计的核心。

9.1 网店装修的重要性

在现实生活中，人们逛街时常常会被店面的风格吸引而进店消费，为了在竞争日益激烈的电子商务中生存，网店也同样需要与众不同的“装修”来吸引消费者点击与购买。因为网上商店越来越多，如果店铺在装修风格上不能吸引消费者的目光，那么愿意点击进入店铺里看的人就会变少，生意自然就难做了。

为什么要进行网店装修呢？许多人都会在装修之前打个这样的问号。开网店的目的是为了赚钱。做好网店装修的最终目的是为了赚钱，同时好的网店装修的确能带来网店销售量的增长。如图 9-1 所示的是装修美观的网店。

图 9-1 装修美观的网店

正所谓三分长相七分打扮，网店的美化如同实体店的装修一样重要。因为网店的页面其实是附着了店主的灵魂，只有独具匠心的网店装修才能打动顾客，增加你的网店销售力。具体来说，网店装修至少能够带来以下四个方面的收益：增加买家在网店停留时间、增加网店的诱惑力、增强网店的形象、打造网店强势品牌。

漂亮恰当的网店装修，给买家带来美感，买家浏览网页时不易疲劳，自然买家会细心查看你的页面。装修好的网店，传递的不仅是商品信息，更是店主的经营理念、文化等，这些都会给你的网店形象加分，同时也有利于网店品牌的形成。

淘宝网店装修是艺术和技术的完美结合，一个好的淘宝网店装修作品原本就是一件优秀的艺术品。网店装修能够带给你一种美的享受。要设计出优秀的网店你得去熟悉一些美术基础知识，例如色彩、艺术流派等，这样无形中提升了你的审美能力。

9.2 店铺装修的误区

在网上可以看到很多卖家的店铺装修得非常漂亮，有些卖家甚至找专业人士“装修”店铺。面对形形色色的店铺装修行动，稍不小心就走入了店铺装修的误区。下面将介绍网店装修过程中常见的误区。

1. 栏目分类太多

这也是一个非常大的误区。有些店铺的商品分类达上百个，也许你会说店铺的东西多，必须这样分类。但是你要知道，分类是为了让买家一目了然地找到他需要的东西，分类这么多，一屏都显示不完，谁会愿意去仔细找你的分类?

2. 店铺名称过于简洁

有的掌柜相信简单就是美，店名取得很简洁，就几个字。殊不知，对于店铺名称，30 个字的编辑限度是很重要的，例如做话费充值的，起的名字是“话费点点充”，可是买家在搜索店铺的时候，使用关键词“充值”、“话费充值”进行搜索，都无法找到你的店铺。

3. 图片过多过大

在有些店铺的首页中，店标、公告及栏目分类等，全部使用图片，而且这些图片非常大。图片虽然多，希望店铺会很美观，但却使买家浏览的速度变得非常慢，店铺的栏目半天都看不到，或者重要的公告也看不到，那还有什么效果? 如

图 9-2 所示为店铺图片过大。

图 9-2 店铺图片过大

4. 存放图片的空间速度太慢

去测试一下你存放图片的空间服务器速度是否正常，并且服务器是否有区域限制。很多服务器在不同的 ISP 提供商的情况下，访问速度是完全不同的，甚至会出现打不开的现象，那么店铺的公告、分类，别人也许就看不到。如果产品介绍里的图片或产品介绍模板页面也看不到的话，那就惨了。

5. 宝贝名字过长

将宝贝名字、分类名字取得很长，这样做的好处是被搜索到关键词的可能性增大，但太长的宝贝名字将无法在列表中完整显示。还有些掌柜为了引起买家的注意，在名字中加上一长串其他符号，但真正的买家不会过于关心这些。把宝贝的特性、范围等表述清楚，再加入适当的广告词，就可以了。

6. 动画过多

将店铺布置得像动画片一样闪闪发光，能闪的地方都让它闪起来：店标、公告、宝贝分类，甚至宝贝的图片、浮动图片。动画固然可以吸引人的视线，但是使用过多的动画会占用大量的宽带空间，使网页下载速度更慢。而且使用这么多的动画，浏览者看起来会很累，也突出不了重点。

7. 背景音乐

很多店铺都使用过背景音乐，背景音乐基本上都是 MP3 格式的，虽然现在都使用宽带了，但是有些加载起来速度还是很慢的。另外，现在很多网友都习惯听着自己喜欢的音乐来浏览网页，店铺的背景音乐会干扰他们听喜欢的音乐，从而使买家在没有等网页完全打开的情况下就将其关闭了。

8. 店铺装修的色彩搭配

有些卖家把店铺的色彩搞得鲜艳华丽，把界面做得五彩缤纷。色彩总的应用原则应该是“总体协调，局部对比”，也就是网店页面的整体色彩效果应该是和谐的，只有局部的、小范围的地方可以有一些强烈色彩的对比。在色彩的运用上，可以根据网店的需要，分别采用不同的主色调。店铺的产品风格、图片的基本色调和公告的字体颜色最好与店铺的整体风格对应，这样出来的整体效果和谐统一，不会让人感觉很乱。

9. 页面设计过于复杂

旺铺装修切忌繁杂，不要把旺铺设计成门户类网站。虽然把旺铺做成大网站看上去很比较有气势，使人感觉店铺很有实力，但却影响了买家的使用，要在这么繁杂的一个店铺里找到自己想要的商品，不看得眼花才怪呢！所以说，不是所有可装修的地方都要装修或者必须装修，个别地方不装修效果反而更好。总之，要让买家进你的店铺以后能够较便利地找到自己所要购买的商品，能够快捷地看清商品的详情。

9.3 用好色彩抓住您的客户

一个配色好的页面，首先吸引人的就是它良好的颜色搭配，然后才会让人注意内容。一些店铺主色、辅色等颜色总共加起来有十几个，颜色太多、太杂，就显得店铺整体太乱，没有章法。目前网上非常流行一句话就是页面的搭配不要超过5种主要颜色，否则就有杂乱之感。

在设计页面色彩时应该了解一些搭配技巧，以便更好地使用色彩。

1. 色彩的鲜明性

一个网店的色彩要鲜明，容易引人注目，给浏览者耳目一新的感觉，如图9-3所示的是色彩鲜明的页面。

图9-3 色彩鲜明的页面

2. 色彩的独特性

要有与众不同的色彩，页面的用色必须要有自己独特的风格，这样才能给浏览者留下深刻的印象。如图9-4所示的页面采用了独特的色彩。

3. 同种色彩搭配

同种色彩搭配是指首先选定一种色彩，然后调整透明度或饱和度，将色彩变淡或加深，产生新的色彩。这样的页面看起来色彩统一，有层次感，如图9-5所示。

图 9-4 页面采用独特的色彩

图 9-5 同种色彩搭配

4. 邻近色彩搭配

邻近色是在色环上相邻的颜色。如绿色和黄色就互为邻近色。采用邻近色可以使页面避免色彩杂乱，易于达到页面的和谐统一，如图 9-6 所示的绿色和橙黄色作为邻近色搭配。

图 9-6 邻近色彩搭配

5. 对比色彩搭配

一般来说色彩的三原色（红、黄、蓝）最能体现色彩间的差异。色彩的对比强，看起来就是诱惑力，能够起到集中视线的作用，对比色可以突出重点，产生强烈的视觉效果。通过合理使用对比色，能够使网店特色鲜明、重点突出，如图 9-7 所示。

图 9-7 对比色彩搭配

9.4 宝贝标题优化

为了尽可能多地增加被搜索的概率，需要一个好的宝贝标题，这个标题不仅能吸引人，也能让买家一目了然地知道商品的特性，还有利于关键字搜索。

9.4.1 宝贝标题的结构和规则

宝贝标题的原则是尽量符合用户的各种搜索习惯，把用户可能会搜索的各种词综合起来写最好。

一个完整的宝贝标题应该包括如下 3 个部分。

第一部分是“商品名称”，这部分要让客户一眼就能够明白这是什么东西。

第二部分是由一些“感官词”组成，感官词在很大程度上可以增加买家打开你的宝贝链接的兴趣。

第三部分是由“优化词”组成的，可以使用与产品相关的优化词来提高宝贝被搜索到的概率。

这里举一个宝贝标题的例子来说明，例如，“江山猕猴桃应季时令新鲜水果包邮全网量第一！回头客第一”，这些语句会让客户产生对产品的信赖感。“江山猕猴桃”、“应季时令新鲜水果”这两组词是优化词，它能够让你的潜在客户更容易找到宝贝。

在宝贝标题中，感官词和优化词是增加搜索量和点击量的重要组成部分，但也不是非要出现的，唯独商品名称是雷打不动的，必须要描述出你的产品名称。

当然，宝贝标题也不是随便什么文字都可以填的，必须严格遵守淘宝的规则，不然很容易遭到处罚。例如，宝贝标题需要和商品本身一致的，不能干扰搜索。宝贝标题中出现的所有文字描述都要客观真实，不得在宝贝标题中使用虚假的宣传信息。

一般宝贝标题主要有如下几种组合方式。

- 品牌、型号＋商品名称。
- 促销、特性、形容词＋商品名称。
- 地域特点＋品牌＋商品名称。
- 店铺名称＋品牌、型号＋商品名称。
- 品牌、型号＋促销、特性、形容词＋商品名称。
- 店铺名称＋地域特点＋商品名称。
- 品牌＋促销、特性、形容词＋商品名称。
- 信用级别、好评率＋店铺名称＋促销、特性、形容词＋商品名称。

这些组合不管如何变化，商品名称这一项一定是其中的一个组成部分。因为在搜索时首先会使用到的就是商品名称关键字，在这个基础上再增加其他的关键字，可以使商品在搜索时得到更多的入选机会。至于选择什么来组合最好，要靠我们去分析市场、商品竞争激烈程度和目标消费群体的搜索习惯来最终确定，以找到最合适的组合方式。

9.4.2 在标题中突出卖点的技巧

在网店经营中，如何能够吸引买家点击商品是一个比较重要的问题，这和你宝贝标题的编写密切相关，如果你的标题比较吸引人，那么被点击的次数就会多，由于点击次数比较多，那么他浏览的页面也就比较多，必然就会使他购买的概率变大。

宝贝标题编写时最重要的就是要把商品最核心的卖点用精炼的语言表达出来。你可以列出四五个卖点，然后选择最重要的三个卖点，融入到宝贝标题中。下面是在宝贝标题中突出卖点的一些技巧。

1. 标题应清晰准确

宝贝标题不能让人产生误解，应该准确而且清晰，让买家能够一扫而过的时间内轻松读懂。

2. 标题的充分利用

淘宝规定宝贝的标题最长不能超过60个字节，也就是30个汉字，在组合理想的情况下，包含越多的关键字，被搜索到的概率就越大。

3. 价格信号

价格是每个买家关注的内容之一，也是最能直接刺激买家，形成购买行为的因素。所以，如果店里的宝贝具备一定的价格优势，或是正在进行优惠促销活动，如“特价”“仅售××元”“包邮”“买一赠一”等，完全可以用简短有力的词在标题中注明。

4. 售后服务

因为在网上不能面对面交易，不能看到实物，所以许多买家对于某些宝贝不愿意选择网上购物。如果能提供有特色的售后服务，那么会消除一大部分买家的顾虑。

例如“无条件换货”等，这些都可以在标题中明确地注明。

5. 店铺高信誉度记录

如果店铺的信誉度较高，如皇冠、金冠级等，可以在宝贝标题中注明网店的信誉度，这些都会增强买家与卖家的交易信心。

6. 卖品超高的成交记录

如果店中某件商品销量在一段时间内较高，可以在标题中注明“月销上千”等文字，善用这些能够调动人情绪的词语，对店铺的生意是很有帮助的。这样会令买家在有购买意向时，极大地消除对此商品的顾虑。

9.5 视觉中的图片应用

想要提高成交量，能否吸引、留住客户的眼球，全靠图片。一个好的店铺，图片必然不可缺少。

9.5.1 商品图片的重要性

图片是网店的灵魂，优质宝贝图片是网店的基础，图片的质量显得尤为重要。下面从两个方面分析网店中产品图片质量的重要性。

1. 从网店推广角度分析

很多网店曾经有以下的困惑：为什么我们的产品相同，广告费用也都差不多，推广效果却千差万别？有冲击力的高品质产品图片能大大提升目标客户购买欲望；相反，质量差的图片无法激发用户购买欲望。虽然图片质量与产品质量和网店形象没有本质联系。但其实大多数买家都是感性的人，几乎所有买家都是通过网店中的产品图片来直观感受产品质量和网店形象的。

2. 从图片的细节分析

在网店中的产品图片是对产品的展示，是对产品文字描述的补充，它既能够显示产品的外观，也能让买家看到产品的价值，因此产品图片的质量就很重要。页面上的空间通常是有限的，因此产品图片应最大化地发挥作用。要注意的是，不要将珍贵的空间用于那些效果一般或者很差的图片。应当选择那些能够显示出买家所关心的有关细节的产品图片，这样才能对他们的浏览行为进行支持。要确保为客户保留充分的细节，使得他们可以轻松地看出重要的元素。

要使得买家可以对图片进行放大以便仔细地观察产品。看到某个特定的细节或对其质地进行评估会有助于增加客户下订单的信心。大部分网店都提供了产品图片的缩放功能，表现形式有多种，例如小图片旁边有点击大图的按钮，或者是鼠标放在小图上就有大图显示。这种功能现在被广泛使用，确实是一种非常好的展示产品的功能。如图 9-8 所示的是产品图片的放大功能。

图 9-8 产品图片的放大功能

9.5.2 商品图片的诚信原则

网上购物，信任很重要，如何给消费者一种信任感，是掌柜们需要研究的问题。图片最重要的功能并不是吸引买家，而是展示商品。当消费者浏览过商品之后，商品的每一部分细节甚至不足都让他们了然于心，这样诚信的态度，才是网店发展的基础。有些掌柜喜欢把商品拍摄得比实物更好，这样做固然可以吸引很多人，但是自身商品如果有缺陷，还会引发后续交易纠纷，对网店来说，会丧失信用，很难留住买家。

掌柜们在展示图片的时候，应该保证图片清晰，尽量不要采用官方图片或者跟其他店雷同的图片，一定要做出自己的特色。图片的风格与模板要统一，这样会让自己的商品拥有更高的识别度。

9.5.3 细节决定成败

即使是同一件商品，随着颜色和尺寸的不同，人们的感觉也常会有很大差异。对于顾客想要了解的内容，不要一概而过，而是应认真、详细、如实地介绍给顾客。只有这样，顾客才能毫不犹豫地购买。如图 9-9 所示的商品展示中，使用了多幅图片详细地展示了商品的不同部位。

图 9-9 使用多幅图片详细展示商品的不同部位

很多新手卖家都不注重细节图的拍摄，甚至在页面上就没有细节图，这样是很难让买家信任的。所以，为了店铺的生意，细节图的拍摄一定不能少。

我们做不到尽善尽美，但是我们可以尽力而为。既然选择做淘宝，就要发挥这个平台的优势，让你的宝贝图片亮丽而且丰富。给买家一个实实在在的感觉。

9.5.4 商品实际尺寸

在淘宝网上我们经常看到很多服装类卖家用真人模特进行拍摄，这种拍摄的方式能够更好地展示商品的线条和样式，甚至是商品的质感，还能通过图片让顾客了解到商品的实际尺寸大小。

在表现商品尺寸时，虽然标明准确的数值也很重要，但最好同时展示更为直观的商品照片。所以在网店页面中，在标明商品尺寸的同时，也要展示与其他商品对比的照片。如图 9-10 所示，通过商品对比，买家可以了解商品的实际尺寸。

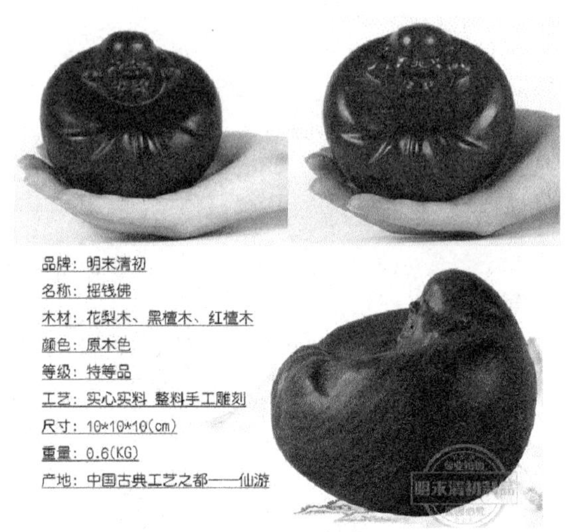

图 9-10 商品对比

9.5.5 广告图设计

广告图片常常被大家所忽略，但却极为重要，拥有一个适合自己，凸显主题的广告图片就会给自己带来无限的收益。

很多人都没有意识到广告图片的重要性，大家都觉得自己可以做，虽然做出来不是那么好看，能用就行；虽然节省了开支，但是却大大制约了收入，如果广告图片可以展现店铺所要表达的东西，那带来的收益会远远超过上千元、上万元，甚至几十万元。

图片是否吸引人，是否让看到的人有点击的欲望，则是广告成败的关键。有创意有吸引力的图片，能让你的成本降到最低。图片的形式上要精美而有冲击力，这样才能吸引人的视线；此外，图片的内容还要有卖点。最终目的并不是仅仅要别人欣赏图片，而是要别人点击图片，进店购买商品。

所以，在计划推广商品前，首先要找到你要推广的商品或店铺最吸引人的闪光点。然后用有冲击力的图片，把这个闪光点呈现在买家面前。如果你的图片普普通通，毫不起眼，很容易就被买家忽略；相反，如果它能一下就跳入买家的眼球，就有可能产生高的点击率。如图 9-11 所示的案例，图片很精美，但真正让人忍不住去点击的还是它的卖点，对此家具感兴趣的人很快就会被吸引住并点击了。

图 9-11 精美的广告图片

9.6 文案策划

一个好文案对于网店的经营是至关重要的，具有说服力和引诱力的文案将极大地提高店铺的转化率。

9.6.1 店铺首页文案

店铺首页不仅体现着消费定位和商家实力，同时还承载着分流和导流的重要作用，不同的客户群关注点也不同，因此，前三屏的设计显得尤为重要。我们把客户大致分为 4 种：新客户、老客户、有目标的客户和没有目标的客户，那么，这 4 种客户通常都对优惠信息感兴趣，所以，店铺促销海报应该放在第一屏最醒目的位置，内容最好能包含促销主题和时限、原价、现价、立省多少等信息。这里是一个非常精彩展示区，众多有经验的卖家用尽浑身解数在设计上突出推荐相关的产品，千方百计地留住用户，据统计在淘宝上一些发挥好的卖家，他们的店铺购买转化率可以达到 10% 甚至更高，店家们可以算笔账，同样是 1000 个客户到店，有的有 100 个人买了产品，有些只有 10 个人买了，销量高低不一。如图 9-12

所示的是店铺首页第一屏促销信息。

图 9-12 店铺首页第一屏促销信息

接下来，应该设置分类导航和热词搜索来进行分流，可以按照客户的消费诉求和搜索习惯来进行分类，例如按商品品类、功效、价格等来划分，以便新老客户都能最快的找到自己的消费目标。如图 9-13 所示的是首页导航分类。

图 9-13 首页导航分类

在商品陈列时，可以在视觉设计上通过改变文字的大小、颜色、字体等方式来突出卖点，有针对性地向新老客户推荐店铺爆款。新客户通常比较关心热销程度，因此，针对此类客户的商品图片上要突出呈现成交数量，而老客户往往更关心折扣力度，所以，针对此类客户的商品图片应该突出呈现的是优惠价格。

9.6.2 店招文案

店铺招牌就是显示在网店顶部的横幅，它通常也会显示在每个商品页面的最上面，是传达店铺信息、展示店铺形象的最重要部分。如果招牌设置合理就会给客户留下美好的第一印象，才有可能让客户继续停留在网店里浏览、选择商品。反之，可能会给客户不专业的感觉，从而会降低客户对店铺和商品的信任度，结果导致客户不敢轻易下单。因此店铺招牌要真正发挥招揽顾客的作用，在设置时需要遵循“明了、美观、统一”原则。如图 9-14 所示店招来展示定位，店招不需要太花哨，只需要告诉用户店铺是专注做什么的即可。

图 9-14 店招

- 要把主营商品用文字、图像明确地告知给顾客，而不是过于含蓄或故弄玄虚。
- 美观主要指图片、色彩、文字的搭配要合理，要符合大众审美观。
- 统一就是招牌要与整个网店的风格一致。

9.6.3 文案的推销语言

文案和广告一样，是推销术的一种，它的基本原则就是推销术的基本原则。一个推销员的失误并不会带来太大的损失，而一则文案失误造成的损失是很大的。一则凌乱的内页文案安排，会让人觉得缺乏逻辑性，进而没有兴趣读下去。网店文案的写作跟做广告没什么两样，所不同的是网店文案所处的范围和所做的事情可能比纯粹的广告行业文案小。但也不能因为这个原因，而自我限制。正确的做法是对自己提出更高的要求，以行业标准来要求自己。

产品文案应该怎么写、应该包括哪几个部分、应该采取哪些说服手法，这些都需要仔细琢磨。

9.6.4 文字清晰易读

文字虽用于传达信息，但同时也可以用作设计要素，与图片同时使用的文字既能吸引顾客的注意，同时也会使得页面更加生动亲切。文字的根本用途是传达信息，若要准确快捷地传达信息，就需要很强的可读性。提高文字可读性的方法很简单，文字越大则越醒目。标题或重要文字需要使用大字号，使其醒目。文字颜色要使用醒目的颜色，以提高可读性。如果内容较多，则需要留出足够的空白以分段。如图 9-15 所示的页面中使用了表格，提高了可读性。

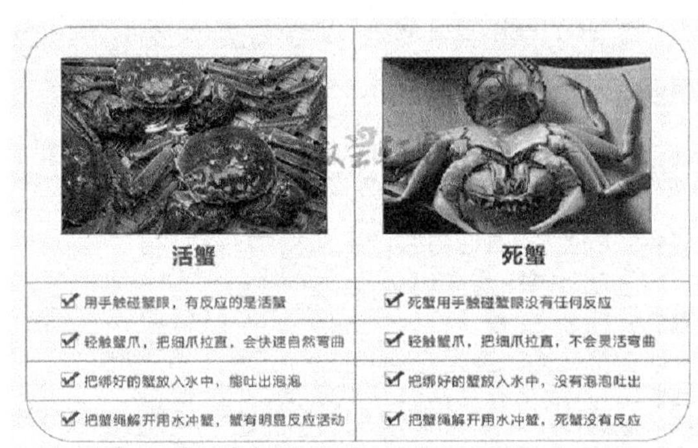

图 9-15 页面中使用了表格提高了可读性

9.7 热销商品页面文案

金冠级卖家在网上交易中发挥着巨大的力量，从他们的商品主页中，可以找到许多持久运营的秘笈。下面将介绍热销商品的页面设计有哪些特点。

9.7.1 营造良好的氛围

设计时要充分展现商品的氛围，让顾客感受到舒适、温暖的气氛，这是设计的关键所在。要让顾客看到商品页面时就产生购买的欲望。

对于节假日而言，最重要的是要营造节日气氛，一定要让温馨直达消费者心里。网店整体设计时要突出节日氛围。网店的招牌、导航、促销区甚至商品描述模板都有必要加入节日元素。例如中国传统的礼花、鞭炮、灯笼等素材可以突出春节的氛围；月亮、月饼、玉兔等素材可以突出中秋节的氛围。如图 9-16 所示的页面设计突出了中秋的气氛。

图 9-16 页面设计突出中秋的气氛

这个页面通过各种渠道让消费者了解到店铺正在促销，给整个网店营造一个火热的促销氛围。可以在促销区、左侧导航条上加上“促销”字样，把具体的优惠措施也加上最好不过了。对于旺铺而言，招牌、左侧导航、促销信息、在每个宝贝的页面都可以显示出来，充分利用这些区域，营造一个很好的促销氛围。

9.7.2 页面要生动有趣

与短页面相比，长页面虽然可以显示更多的商品，但是长页面容易使人感到厌倦，所以商品页面的设计必须使顾客在购物过程中保持新鲜感。从结构上要展示商品与搭配商品的各种照片，不断与顾客交流。应该使用顾客喜欢的语言展示顾客想看的图片，使顾客愉快地下拉滚动条。

如图 9-17 所示的页面虽然比较长，包括了上百张商品图片，但是顾客在浏览页面的过程中却没有感到一点厌倦。生动的照片、亲切的文字、自由的版式设计，营造出轻松愉快的氛围。

图 9-17　页面生动有趣

9.7.3　引导顾客购买搭配商品

大家都会有这样的购物经历：购买了一件商品，还需要找到和这件商品搭配的附属商品，例如买个衣服还想买个搭配的裤子。然后，去逐个搜索，既浪费时间，还不能省钱。现在，购买搭配套餐组合商品，能帮助买家一次解决问题，省事、省时，还省钱。

搭配套餐就是卖家把几个相关的商品搭配组合成套餐，例如护肤品组合、服装搭配购、数码套餐等，买家购物时可以灵活选着套餐中的任意几个商品购买，套餐的总价低于原商品一口价的总和。

页面中应该陈列商家销售的其他商品，使顾客在该页面停留更长的时间。即使顾客对当前所浏览的商品不满意，在看到同一商家销售的其他商品后，也许就会产生购买的欲望。另外即使已经决定购买现在所浏览的商品，在浏览其他搭配商品的同时，也会产生再购买一两种商品的打算。图 9-18 所示的就是一个搭配组合销售的例子。

图 9-18 搭配其他商品

9.7.4 商品信息介绍准确详细

在网上做买卖，最重要的是如何把自己的商品信息准确地传递给买家。图片传递给买家的只是商品的形状和颜色的信息，对于性能、材料、产地、售后服务等，必须通过文字方面的描述来说明。在网上购物，影响买家是否购买的一个重要因素就是商品描述。在填写商品描述信息时应注意如下几个方面。

- 首先要介绍详细的商品信息。商品图片不能反映的信息包括材料、产地、售后服务、商品的特点等。对于相对于同类产品有优势和特色的信息一定要详细地描述出来，这本身也是产品的卖点。

- 商品描述一定要精美，能够全面概括商品的内容和相关属性，最好能够介绍一些使用方法和注意事项，更加贴心地为买家考虑。

- 为了直观性，商品描述应该使用文字 + 图像 + 表格三种形式结合来描述，这样买家看起来会更加直观，增加了购买的可能性。
- 参考同行网店。可以去皇冠店转转，看看他们的商品描述是怎么写的。特别要重视同行中做得好的网店。
- 在商品描述中也可以添加相关推荐商品，如本店热销商品、特价商品等，让买家更多地接触店铺的商品，增加商品的宣传力度。

如图 9-19 所示的页面中有详细的商品介绍信息。

图 9-19 页面中有详细的商品介绍信息

9.7.5 购买者的评价

淘宝网会员在使用支付宝服务成功完成每一笔交易后，双方均有权对对方交易的情况进行评价，这个评价亦称之为信用评价。对于看得见摸不着的网购商品，购买者评论的重要性是毋庸置疑的。购买者评论是影响后续买家下单的决定因素之一。已经购买了商品的顾客的评论，可以对正在犹豫是否购买商品的顾客起到决定性作用。因为商家提供的商品信息宣传性太强，而顾客留下的评论却比较真实。如图 9-20 所示的页面中添加了以往的买家评价图片，在给予顾客对商品的信任上，没有任何信息比得上买家使用后对商品的评论。

图 9-20 买家评价图片

第 10 章

将电商品牌做大做强

随着淘宝网店的规模逐渐增大，许多店主单打独斗已经无法应对每天的交易，他们开始四处寻找网上客服。于是，一个新的职业从淘宝网上诞生——网店客服。网店客服依托于网络购物成为了新的职业。绩效管理的目的在于通过激发员工的工作热情，提高员工的能力和素质，以达到改善网店绩效的效果。

10.1 招聘客服人员策略

招聘策略是招聘计划的具体体现，是为实现招聘计划而采取的具体策略。一个成功的招聘策略将帮助店铺快速找到适合的人才，推动店铺持续发展。

10.1.1 客服人员对店铺发展的影响

调查发现，员工当场帮助客户解决问题与买家再次光顾的意愿间存在联系：如投诉立刻被处理，95% 的买家愿意再次光顾。如处理程序稍微需要一点时间，则此比例会很快下降；随着客户忠诚度的上升，店铺利润会明显增长。

在销售过程当中，顾客仅是通过对网页的宝贝介绍浏览以及客服的旺旺沟通完成了下单付款交易，这个环节比现实当中的销售其实要求更高。因为我们无法通过肢体语言、表情、语气、动作等去感染顾客，通过的文字及图片表情能传递的信息很有限，因此客服人员所扮演的角色应该是名专业且有素养的顾问，能够针对不同顾客的需求给与售前、售中和售后的各种协助。顾客在淘宝店内，能看到的就是图片，能接触的到仅有客服，顾客对这个店铺，对这个品牌的感受，大部分是由客服人员来进行传递的，所以，一个客服的专业素养就能体现出这个品牌和店铺的实力。

10.1.2 怎样做好客服人员的招聘工作

怎样才能招聘好的客服人员呢?

1. 降低工作描述以及简历的重要性

多数简历只能提供关于应聘者背景情况的基本情况，而缺乏关于他们能力和个性特点的重要信息。即使有些应聘者擅长写作而有机会描述自己的精神、情感和价值观，也不可能提供足够信息。当我们希望得出应聘者能力和特点的看法时，简历的价值是很小的。

2. 将挑选标准重新排序

将挑选标准按下列顺序排列：一是个性特点，如积极的态度、时刻准备采取行动、友爱、开放、诚实、可靠、真诚地帮助他人、高水平的自我意识、主动学习的心态、天才的创造性、清楚明白的准则和信念；二是技能和知识，如使用打字的快慢、快速反应、能快速获得产品的知识、好的记忆力（如记住多次消费的顾客的姓名）。

3．做挑选决策时，保持一定的主观性

得到有关应聘者的信息越多，越可能做出正确的人事决定。但做决定时必须考虑自己的主观印象和直觉敏感，不能仅仅依靠有限的客观指标。不管挑选程序多么客观，最后的决策仍会涉及主观性。

4．把每一个候选人当成潜在买家

很多店铺因为没有给应聘者及时回复而遭到抱怨，特别是一些热门店铺，由于申请者太多，没有给多数人回复，而只和初选合格者进行接触。这些店铺都没有认识到每一个应聘者都是一个应该得到尊重的人，并且都是潜在的买家。

5．在招聘和挑选中进行创新

有些乐于创新的店铺往往在招聘中运用新方法。对广告方式进行创新，如邀请买家参与招聘工作；在选择过程进行创新；他们和别的应聘者交谈了吗？他们坐在一个空桌子边或与另一人相邻而坐？他们为别的应聘者倒水了吗？这些店铺把每位新员工的招募和选择工作都看作是一种创新的挑战。

10.2 网店客服的基本工作流程

下面介绍一下网店客服的基本工作流程，作为一个网店客服，每天需要做哪些事情呢？

1．熟悉产品，了解产品相关信息

对于客服来说，熟悉店铺产品是最基本的工作。客服是联系店铺和买家之间的桥梁，一旦这个桥没搭好，也许你就永远失去了这个买家。对于产品的特征、功能、注意事项等要做到了如指掌，这样才能流利解答买家提出的各种关于产品的信息。

2．接待买家

应该在上线后第一时间先回复买家咨询留言，争取第一时间抓住买家。看到有新留言的要先处理留言，这个也是抓住买家的关键。绝对不允许对买家的留言视而不见。一个优秀的客服懂得如何接待好买家，同时还能引导买家进行附带消费。

3. 查看宝贝数量

店铺页面上的库存跟实际库存有时候是有出入的，所以客服需要查看宝贝的实际库存量，这样才不会出现缺货发不了订单的情况。现在利用淘宝卖家专用的软件工具，可以在页面上同步库存数据，非常方便。

4. 买家下单付款，跟买家核对收件地址信息

很多卖家朋友容易忽视这一点，虽然大部分买家在购买的时候，地址是正确的。但也有一部分买家因收件信息发生变动而忘记修改。所以在买家付款之后，别忘记跟买家核对一下收件地址信息，不仅可以减少你的损失，还可以让买家觉得你是在很用心的做事情。在核对买家信息的同时，还要提供店铺可以发的快递公司，询问买家喜欢发什么快递，毕竟每个快递公司在每个城市、每个区域的服务水平都是不一样的，根据买家的需求，一切以买家为中心，如果买家没有明确表示的，快递就默认发。

5. 修改备注

有时候买家的订单信息或收件地址有变，客服要将变动反馈出来。这样，制单的同事就知道这个订单信息有变动，一般情况下，默认用小红旗来备注，里面写上变动事由，修改人工号和修改时间，这样，变动情况就一目了然了，后面用网店管家做单的时候也能直接地抓取出来。

6. 发货通知

关于发货，这是每天都要做的事情，首先要熟悉快递公司派送范围，知道是否快递可到，不知道可以去快递公司网站查询。货物发出去之后，给买家发条信息，告诉包裹已经发出，也可以增加买家对你店铺的好感度。对于拍下商品未付款的买家，如果旺旺在线的买家，可以在下午的时候，给买家发个信息就说如果现在付款的话，今天就可以发货。这叫做“催单”，对于买家来说，有些买家可能下单后忘记付款了，然后慢慢就忘记这回事了，你稍微提醒一下，让他想起这回事，这样的话，等于你又多拉了一个买家。对于那些没打算购买、只是一时冲动拍下的买家，可以手动关闭订单，关键要跟买家联系一下，问清楚购买意向。

7. 买家评价

交易完成之后，记得给买家评价。关于评价，建议针对性地回复，可以写些新鲜的推广自己店铺的词语来给买家评价，不可只点个好评就算了。关于买家回复的评价也可以在评价管理中选几个，写些评价回复，千万不可用一样的回复内容。

8. 中差评处理

中差评并不可怕，可怕的是不去处理。当发现有中差评的时候，赶紧跟买家沟通下，看看是什么情况导致的，买家不会无缘无故地给你中差评，先了解情况，然后再来解决问题，晓之于理，动之于情，一般买家都会给你修改评价的，对于一些恶意评价来获得不当利益的买家，客服就要注意收集信息了，以便为后面的投诉翻案收集证据。

9. 相关软件的学习

可以加强学习“评价好助手”或者“旺旺机器人”这类的店铺管理工具，借助辅助工具，提高工作效率。

10.3 老板的管理策略

店铺之间的竞争归根到底是人的竞争。如何有效地激发员工的积极性，使员工更加忠诚于公司、尽心尽力地完成工作呢？

10.3.1 弃人之短，用人之长

合格的店主必须懂得弃人之短，用人之长的用人原则，这样才能发挥员工在店铺的位置和作用。

俗话说得好：“尺有所短，寸有所长”。人有所长，也有所短。如果店铺的员工都是天才，都是人才，多才多艺，完美无缺，这样的网店也会很有前途的。事实上，完美的人才是不存在的。一个不合格的店主，只会用人之短，而不会用人之长；一个优秀的店主，则会用人之长，而不会用人之短。这种差别是领导用人的重要原则，不可违背。

善于管理的店主应当知道员工的优点和缺点，并在适当的时候和恰当的位置上运用其人，这样就可以做到扬长避短了。在这里，先从性格出发，来分析员工的行为特征，从中分辨出员工的“长”与“短”。

- 性格坚毅刚直的员工，长处在于能够矫正邪恶，不足之处在于喜欢激烈地攻击对方；
- 性格柔和宽厚的员工，长处在于能够宽容忍耐他人，不足之处在于优柔寡断；
- 性格精明慎重的员工，好处在于谦恭谨慎，却经常多疑；
- 性格强硬坚定的员工，起到稳固支撑的作用，却过于专横固执；
- 善于论辩的员工，能够解释疑难问题，但性格却过于飘浮不定；
- 乐善好施的员工，胸襟宽广，很有人缘，但交友太多，又难免鱼龙混杂；
- 清高耿直、廉洁无私的员工，有着高尚坚定的情操，却过于拘谨约束；
- 行动果断、光明磊落的员工，勇于进取，却疏忽小事，不够精细；
- 冷静沉着，机警缜密的员工，善于探究小事，细致入微，却稍嫌迟滞缓慢；
- 性格外向的员工，可贵之处在于为人诚恳、心地忠厚，不足之处在于太过显露，没有内涵；
- 足智多谋，善于掩饰感情的员工，长于权术计谋，他们狡诈机智，富有韬略，在下决断时却常常模棱两可，犹豫不决；
- 性格温柔和顺的员工，行事迟缓，缺乏决断，因此这种人常常遵守常规，却不能执掌政权，解释疑难；
- 好学上进的员工，志向高远，他们不认为贪多务得、好大喜功是缺点，却把沉着冷静看作是停滞不前，从而更加锐意进取，因此这种人可以不断进取，不甘心落后于人；
- 性格沉着冷静的员工做起事来深思熟虑，他们不觉得自己太过于冷静以至于行动迟缓，因此这种人可以深谋远虑，却难以及时把握机会；

- 性情质朴的员工，他们的心地痴顽直露，行事直率，因此这种人可以使人信赖他们，却难以去调停指挥，随机应变；
- 富有谋略、深藏不露的员工，善于随机应变，取悦于人，因此这种人往往不易显露其真实的想法，常常表里不一。

员工各有性格特征，皆有长短，关键在于如何根据工作的特性去精心安排员工。善于发现员工的优点和缺点，并扬长避短，是店主不可忽视的用人之道。

扬长避短用人方略的运用，重点在于充分扬长。虽然扬长与避短是用人过程中对立统一的两个方面，但其中扬长是起决定性作用的主导方面。因为人的长处决定着一个人的价值，能够支配构成人的价值的其他因素。扬长不仅可以避短、抑短、补短，而且更重要的是，通过扬长能够强化人的才干和能力，使人的才干和能力朝着用人目的所需要的方向不断地成长和发展。

主观和客观的局限性，决定了任何人只能了解、熟悉和精通某一领域的知识或技能，因此人在知识和技能方面的特长具有明显的领域性特征。一个人不管他在知识和技能上伸展得多么突出，成长得多么卓越，也只能在他所适应的领域具备特长，一旦离开他适应的领域来到不适应的领域，这些知识或技能上的特长就可能不会显示出优势，失去特长的意义。

用人必须根据人的特长，坚持区别对待、因人而用的法则。用人时应该注意先要了解他的特长，这种特长适用于哪个领域，按照人的特长派用场，使工作领域与人的特长对口。

善于用人的店主，总是针对人的领域特长安排适宜的工作，分派适合的任务，以发挥人的特长优势。

10.3.2 对待员工恩威并重

恩不仅表现为对员工在物质上的奖赏和帮助，还表现为在精神上对他们的理解、宽慰、尊重、信任和鼓励等。

作为一个老板，要做到令出必行、指挥若定，必须具备一定的威严。道理非常简单，在管理方面，没有令员工感到畏惧的威慑力是很难使他们尽职尽责的。单靠一张和蔼慈祥的脸和美丽动听的言辞起到的推动作用是远远不够的。

恩威并重是指老板在处理员工关系时，特别是在自己行使权力的行为中，善于将恩的因素和威的因素有机融合在一起，能让员工既服从又感激。

老板要使员工心悦诚服，一定要做到恩威并重，这就需要从以下两点做起。

（1）善于“以母亲的手握利剑”：“以母亲的手握利剑”是一个形象的比喻。这是说，老板既要有母亲般的慈爱、无私与温和，时刻给员工真诚的爱，同时又要“手握利剑”，对员工的各种不良行为也不能迁就姑息，使恩与威做到高度统一。做到这一点，就会使员工对你既感激又尊重，且不会擅自违令行事。

（2）命令与商量融为一体：当向员工提要求时，不妨这样说：“我是这么想的，你们的意见呢？”当员工将自己的想法说出来之后，如果有道理，不妨可以这样说：“我明白了，你说得十分有道理，就这么办吧。”这样既能避免老板的命令与指示不周到，也可以使员工受到信任和尊重而心情愉快，从而热情地去完成工作任务。

10.3.3 委婉含蓄地批评员工

人都是有自尊心和荣誉感的，有的人之所以不愿接受批评，主要原因是自尊心强。为此，我们在批评他人时，往往寻找一种不同于直接批评的方法，即能达到批评他人并使其改正错误的方式。这种方式便是含蓄地批评他人。

讲究含蓄，首先忌讳的是大发雷霆。有些人所犯的错误对我们可能是直接的伤害，作为批评者往往容易发怒。但是，发怒和批评不是一回事，怒并不能解决问题。且大发雷霆会严重伤害对方的自尊心，增加对方的抗拒心理，不利于问题的解决。

上司批评下属不可避免，但是作为上司，你不要把它当作想当然的事情。当你让下属的自尊心受到伤害后，他会产生消极情绪，开始怠慢工作，严重者还会愤而辞职。所以，用人时一定要牢记：必须时刻保住下属的面子，不能当众伤害他们的尊严，更不能挫伤他们的积极性和干劲。

批评是让人改正错误的方式，但批评也要讲究艺术。恰当的批评会向对方敲响警钟，改正错误；反之，则会适得其反，弄巧成拙。在工作中，员工难免犯错。因此，上司要想纠正错误、批评员工，一定要注意场合，最好是在没有第三者在场的情况下进行。否则，再温和的批评也有可能会刺激受批评人的自尊，因为他会觉得在同事面前丢了面子。他或许以为你是有意让他出丑，或许认为你这个人不讲情面，不讲方法，没有涵养，甚至在心里责怨你动机不善。如果批评人不注意场合，就会带来这么多的副作用，受批评者心生怨恨，批评人、改变人的目的就很难达到。

如果必须在现场当众批评人，其态度措辞也要特别谨慎。要以不刺伤他人的自尊为前提，否则就很难达到批评人、改变人的目的。

措辞要客观、准确且婉转，纠正别人、批评别人时，不能主观行事，不能夸大其词，不要生硬直露，更不要纠缠旧账。

在批评、纠正员工之前，先要停一下，想一想如何更客观、更准确、更婉转、更能达到目的，而不要直率得让人觉得你粗俗简单、容易伤人。

保全他人面子的办法是给他人留下台阶、留下退路， 让他人体面地退却。当对方已经明确表明某一态度和意见时，纠正他的最好的办法是为他找一个安全合理的理由，这个理由既不使他丢面子，又可使他全面地改变自己的观点和态度。就事说事地把责任推给模糊的第三者，使当事人有台阶可下，也是一个聪明的做法。

10.3.4 客服提升客户体验的技巧

网店的客户体验的高低很大程度上取决于网店客服的工作技巧。所以每个淘宝掌柜必须重视对客服工作技巧的培训，客服工作做到位了，你还愁没有流量？还担心老顾客流失吗？网店客服提升客户体验的工作技巧如下。

1. 客服回复速度

客服的回复速度是直接影响买家购物心情。试想一下，你对一款宝贝很有兴趣，但是有点小疑问想咨询一下，结果客服就是不理你，那你会怎么想？大不了不买。

如图 10-1 所示的是某店的一个差评，就是因为客服反映速度慢导致的，这么一个差评，不但影响了以后购物买家的购物欲望，也大幅度降低了动态评分，影响了转化率。

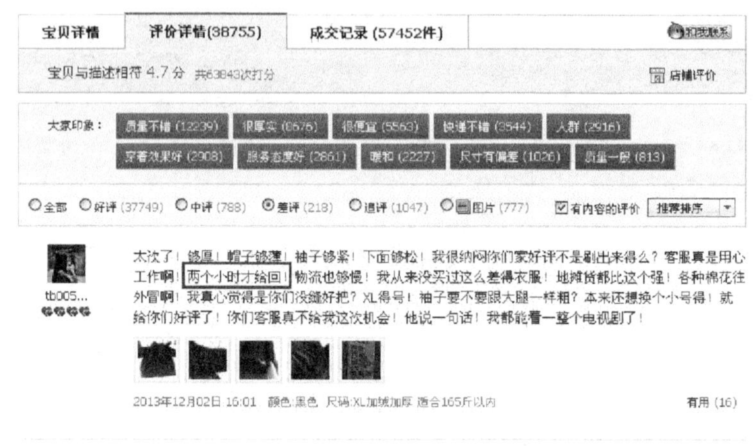

图 10-1 客服反映速度慢招来差评

2. 客服别太死板

网购本来就花费时间，每个买家都希望碰到爽快的卖家，所以如果可以满足顾客，就尽快告诉他吧。

3. 客服激励制度

客服的激励制度一定要完善。客服的提成要设置合理，此外还要设置多维的考核，例如转化率、销售额、退款率、回复速度、老客户回访比例等来激励客服。不要让客服认为上班只是挂着旺旺那么简单，而是要认为自己时时刻刻的努力都和工资和奖金有关联。

4. 客服尺码推荐

客服能否成功推荐也是影响转化率的一个因素。首先是尺码推荐，顾客会对不同店铺的尺码表有疑问，但是每一个客服都说自己家的尺码是标准码的，而实际上肯定是不一样的，作为客服应该熟悉同类店铺的尺码，并且给出相应的指导。

5. 客服关联推荐

当和顾客沟通时，如果顾客体验很好，顾客会非常信任这个客服。如果这时客服会对买家进行相关宝贝的推荐，那么转化率是极高的。如何推荐，就要从和顾客聊天中分析他的喜好，可以推荐相关的宝贝给他。但是也不能乱推荐，不然客户当时被你说心动了，但是收到货之后又反悔了，那么就会产生退货的概率。

6. 质量保证

如果别的都做得很好了，看一下是否参加了"7 天无条件退货"和"假一赔十"，如果这些都没有，顾客肯定会质疑，为什么没有"假一赔十"？会不会卖家的商品有问题呢？算了，还是换家安心的店铺去购物吧。

10.3.5 怎样调动员工的积极性

如何调动员工的积极性，增强店铺凝聚力？这是店铺面临的急需解决的一个突出实际问题，也是店铺领导工作中的一个难点。

对于调动员工的积极性，很多店主都有不同的方法，但是目的只有一个，只有员工的积极性得到了提高，工作效率才会大大提高。

1. 使员工时刻明白自己应承担的职责

第一点是如果员工不明白自己的工作内容，或者说忽略了一些他们认为不重要的工作。这就造成了工作成果不能按照预期实现。而不良的工作成果给了员工消极的反馈，因此他们就会缺乏积极性。一个整天都不知道自己工作是为了什么的人，会有多大的热情投入到工作中去呢？店主应该时常向员工明确他们的工作内容和职责，以确保他们按照正确的方法做事情，而不是按照他们的习惯做事情。

第二点是工作内容和工作职责其实是不一样的。大多数的管理者只喜欢向员工明确工作内容，而不明确工作职责。当一个员工只明确工作内容，他们会认为自己仅仅是一个执行者，没有什么成就感；而通过沟通让他们能为自己的工作职责努力，那么他们会认识到自己工作的价值，进而能从工作价值中获得激励。

2. 不断认可

当员工完成了某项任务时，最需要得到的就是店主对其工作的认可，店主的认可就是对其工作成绩的最大肯定。店主的认可是一个秘密武器，但认可的时效性最为关键。如果用得太多，价值将会减少，如果只在某些特殊场合和少有的成就时使用，价值就会增加。对于员工来说，得到店主的表扬和肯定就是最大的精神奖励，因为这是对他们价值体现的肯定。

3. 真诚赞美

这是认可员工的一种形式。一般的店主大都吝于称赞员工做得如何，有些人将此归咎于缺乏必要的技巧。其实，称赞员工并不复杂，根本无需考虑时间与地点的问题，随处随时都可以称赞员工。在恰当的时间从恰当的人口中道出一声真诚的谢意，对员工而言比加薪、正式奖励或众多的资格证书及勋章更有意义。

4. 多和员工沟通，建立朋友式的关系

很多管理者都是高高在上地发号施令，仿佛员工就是要默默接受命令的下属。不要只是告诉他们怎么做，而应该用你的说服力使他们想做你需要他们做的事。这就需要你指出他们这么做能得到的好处。闲一点的时候，可以一起聊聊天，包括员工的生活，都要关心一下，要和员工成为无话不说的朋友。

5. 虚心倾听员工的意见

这种做法能激励员工，并且表明店主很在乎他们的意见，当然这些时候他们也可能会提出好的主意。在一些销售策略的拟定、方针的执行等方面，发动员工参与到讨论中来，能让他们感受到尊重，确认自己的价值。一意孤行的店主往往会众叛亲离，而在众叛亲离之前，就是跟随者们低迷、消极的时期。所以，当员工积极性不高的时候，一定是与上级存在某种沟通上的障碍。通过讨论消除障碍，提高员工积极性，不失为一种双赢的做法。

6. 强化激励

强化激励也可以称为竞争激励。这种激励方式可使每个员工在心里形成一种竞争意识，员工总有一种在竞争中成为优胜者的心理。可以组织各种形式的竞争比赛激发员工的热情，创造一种“比、学、赶、超”的竞争环境和气氛。凭借这种作用，统一全体员工的思想、信念和意识，调动员工的积极性。

7. 给员工更多的自由空间

不管是机器还是人，工作久了都需要休息的，特别是年轻人。因此，只要不影响工作，休息的时间可以适当延长些。只有尊重别人，别人才会尊重你，员工也不例外。一个人得到老板的尊重，那他会更专心地为老板工作。

8. 必要时让员工写书面报告

事实上，针对自己的工作写出书面报告，能帮助员工理清自己的工作状态，能凸显问题，也能让他找到自己改善的方向，再加上促动，工作就比较容易开展。另外，每个人在写自己工作报告的时候，也是了解自己价值的时候。

9. 给予一对一的指导

指导意味着员工的发展，而店主花费的仅仅是时间。但这一花费的时间传递给员工的信息却是你非常在乎他们。而且，对于员工来说，并不在乎上级能教给他多少工作技巧，而在乎究竟有多关注他。无论何时，重点是肯定的反馈，在公众面前的指导更是如此。

10. 团队聚会活动

不定期的聚会活动可以增强凝聚力，同时反过来也有助于增强团队精神。而这样做最终会对工作环境产生影响，营造一个积极向上的工作氛围。如中秋节前夕的晚会、元旦前的野餐、重阳节的爬山、员工的生日聚餐、团队庆功会等，这些都可以成功地将员工聚到一起度过快乐的时光。同时，最好再将这些活动通过图片展示、DV 摄制等手段保留下来，放在网站上，让这些美好的回忆成为永恒，时刻给员工温馨的体验与团队归属的激励。

10.4 绩效考核

绩效考核通常也称为业绩考评或“考绩”，是针对店铺中每个员工所承担的工作，应用各种科学的定性和定量的方法，对员工行为的实际效果及其对店铺的贡献或价值进行考核和评价。

10.4.1 绩效考核的原则

1. 公平原则

公平是确立和推行人员绩效考核制度的前提，不公平就不可能发挥考绩应有的作用。

2. 严格原则

绩效考核不严格，就会流于形式，形同虚设。绩效考核不严，不仅不能全面地反映工作人员的真实情况，而且还会产生消极的后果。绩效考核的严格性包括：要有明确的考核标准；要有严肃认真的考核态度；要有严格的考核制度与科学而严格的程序及方法等。

3. 单头考评的原则

对各级职工的考评，都必须由被考评者的“直接上级”进行。直接上级相对来说最了解被考评者的实际工作表现（成绩、能力、适应性），也最有可能反映真实情况。

4. 结果公开原则

绩效考核的结论应对本人公开，这是保证绩效考核民主的重要手段。这样做，一方面，可以使被考核者了解自己的优点和缺点、长处和短处，从而使考核成绩好的人再接再厉，继续保持先进；也可以使考核成绩不好的人心悦诚服，奋起上进。另一方面，还有助于防止绩效考核中可能出现的偏见以及种种误差，以保证考核的公平与合理。

5. 结合奖惩原则

依据绩效考核的结果，应根据工作成绩的大小与好坏，有赏有罚，有升有降，而且这种赏罚、升降不仅与精神激励相联系。而且还必须通过工资、奖金等方式同物质利益相联系，这样，才能达到考绩的真正目的。

6. 客观考评的原则

人事考评应当根据明确规定的考评标准，针对客观考评资料进行评价，尽量避免渗入主观性和感情色彩。

7. 反馈的原则

考评的结果一定要反馈给被考评者本人，否则就起不到考评的教育作用。在反馈考评结果的同时，应当向被考评者就评语进行说明解释，肯定成绩和进步，说明不足之处，提供今后努力的参考意见等。

8. 差别的原则

考核的等级之间应当有鲜明的差别界限，针对不同的考评评语在工资、晋升、使用等方面应体现明显差别，使考评带有刺激性，鼓励职工的上进心。

10.4.2 客服绩效考核注意事项

真正的客服管理其实不是单靠人性化或者人情管理的，需要的是科学的薪酬结构、科学的工作安排。为了带动员工工作的积极性，要制定合理的客服绩效考核制度。客服的绩效考核主要是根据每个人每天的订单量来确定，做好员工每天的工作量日统计，并为每个客服单独设立绩效档案，以绩效考核的结果为标准。同时以客服的绩效考核指标为参照，为员工设立合理的任务额度，这样还可以了解客服的工作是否尽心尽力。

10.4.3 如何考核淘宝网店客服

店铺越做越大，需要招越来越多的客服，有些店主对给客服发多少工资感到束手无策，对客服工作能力无从了解？因为客服绩效考核这块一直拿捏不准，就统一给同样的待遇。如果所有的客服都发同样的工资，做得好的客服会认为别人做得不好却得到一样的待遇，心里不平衡，做得不好的客服会认为怎么样都有跟别人一样的待遇，会无压力。这就会形成一个恶性循环，店铺发展及公司发展情况，可想而知。

一般情况而言，客服的考核从所创造的订单价值、商品推荐技巧、咨询转化能力、接待反应效率以及售后处理能力等，每个点所包含的数据都非常繁琐。有一种简单的方法分享给大家，中小卖家更关心的自己的客服团队给自己带来多少的营收及客服的工作态度如何，那么可以重点查看几个数据。

（1）客服的咨询转化率：客服接待客户转化为实际下单的比例。

（2）客服的日 / 月订单数量：客服落实下单的订单数。

（3）客服的日 / 月销售金额：客服落实下单的订单金额。

（4）客服的订单流失率情况：客服落实下单但最终订单关闭的比例。

（5）客服的平均响应时间：客服对客户发起的咨询的响应时间。

（6）咨询未回复数：客服对客户发起的咨询未回复的总数。

通过这几个数据的单独对比可以发现每个客服的薄弱环节，综合对比则能发现团队中的精英人员。例如通过订单总数、咨询转化率分析找出是咨询量过少，还是销售能力不足的难题？卖家通过这些数据可以很快找出店铺客服团队中每个员工的短板，为员工制定合理且具有针对性的培训方案。

10.4.4 客服工作考核表

制定合理的绩效管理体系，不仅仅是起到给客服发工资、分配绩效的作用，更多的是通过这些绩效数据发现客服团队中存在的销售能力问题、服务意识问题以及工作态度问题，从而及时地有针对性地对这些问题进行逐个排查，使其得以解决。

客服的绩效考核指标是怎样的？可以适当参考下面的这个客服工作考核表。

淘宝客服人员工作考核表

指标及任务	分值	评定标准及计算公式	分数描述	完成情况	考核得分
日常纪律	5	全勤满分，扣分按照迟到、旷工次数扣除，不设上限	迟到、早退每次扣 2 分，旷工每次扣 5 分		
工作态度	10	网络、电话与客户交流的态度亲切和蔼、耐心真诚，不可与客户发生冲突及对立状况	咨询中回答不够耐心一次 2 分，与客户发生冲突一次扣除 5 分		
咨询转化率	10	订单 / 咨询总数 ×100%	当月考核 < 均值扣 2 分		
平均响应时间	10	客户第一问至客服响应回复之间的时间 / 总咨询数	当月考核 > 均值扣 2 分		
差错扣分	10	当月出错率即实际扣除分数差错次数 / 订单数 ×100%	按照考评，四舍五入扣除法 <0.5% 满分		
平均客单价	5	交易金额 / 订单数 ×100%	按照数据考核		
咨询未回复数 / 留言回复数	10	顾客询问而没有回复的次数（有效问询，包括 0 点 ~ 9 点客服不上班时间的留言）	1 次扣 3 分，不设上限		
满意度调查	10	客服咨询完毕，由客户打分	出现不满意就扣 3 分，不设上限		

续表

淘宝客服人员工作考核表

指标及任务	分值	评定标准及计算公式	分数描述	完成情况	考核得分
当月差评统计	10	主管失误造成的中差评投诉率，中差评数 / 订单数 ×100%	按照四舍五入扣除法 <0.5% 满分		
团队配合	5	与部门内部及其他部门同事之间的配合度	由主管考核		
销售业绩	10	完成公司下达给个人的销售任务	参考全部门完成情况，2/3 以上人数未完成任务的不扣分，否则扣分，按照比例扣分		
退换统计	10	当月退还订单数 / 订单数 ×100%（不含因质量问题、运输、无理由造成退换）	4% 以下满分，5% ~ 8% 扣 5 分，8% 以上扣 10 分		

10.5 如何提高电商利润

网店利润超实体店，传统行业纷纷网上开店。具调查，网上开店因为不需要门面，省掉很多很多的成本，其利润相比实体店要高很多，以前的那些老牌传统行业都纷纷开上网店了。那么如何提高电商的利润呢?

10.5.1 投资预算分析

开网店之前，先将店铺情况进行信息搜集整理及分析，对网上店铺的业态现状，如有哪些零售商家、天猫商家等，同行业情况经营商品的种类、投资效益分析等情况做一调查总结。

经过以上调查，对该网店的消费能力和营业额及经济效益有了大致的预算，现详细列出如下。

1. 开办费用由于网店的规模有限，开店初期的投资额度也不用太高

（1）办理工商执照、税务等相关政府部门手续；

（2）网店的域名及空间租用费用。

（3）数码相机、U盘、电话等。

（4）开办网银行费用。

（5）淘宝网上开业宣传。

（6）其他杂费。

2. 经营品种

网店经营的范围，在种类的选择上要尽量求全，可挑些大众化的、质量、价格都适中的商品，尤其以年轻人或职业人士喜欢的为主。例如服装鞋帽、护肤品、家居日用等。

3. 铺货款

实地考察同行业的店铺需要多少铺货款。例如做服装的，可以先每个款式或者型号先铺一个到两个。当然款式要有几十种。如果跟商家联系好帮你一件代发最好了。然后看看哪个销量好，选两款好的做活动。初次备多少货当然你自己可以把握了。

4. 每月其他费用预估

房租、水电费、人工费、邮费、运输费、税、其他办公费，算出合计数。

预估营业额：网店的普遍毛利为10%～20%，做好预估月营业额和预估月毛利额。

10.5.2 提高店铺的营业额

影响营业额的因素有库存率、成交率、进店率。对库存率、成交率、进店率进行调整时，调整的幅度要根据自身的经营水平设定改善目标，并采取不同的措施手段来支持这项目标的达成。

为了降低库存率，就需要对店铺中的货品的生存周期有个很明确的了解，知道货品的上货波段及库存周期的情况，适时地采取货品促销的手段清理货品，降低库存。

提高成交率的方法主要是通过提高店铺员工的销售能力和附加推销能力来实现的，适当地采取奖金激励的方式，促使员工提高推销能力也是个不错的方法。

进店率的提高则依赖于店铺良好的陈列，例促销商品的选择，店铺的装修设计等。

每一项影响因素的改善都需要各方面的知识结构支撑，一个简单数字的调整看似容易，却包含了许多的知识和技能，有经营管理、店铺陈列、销售服务等各个方面的内容。因此，全面地了解这些知识，提高店铺的营业业绩将会水到渠成。

10.5.3 实现目标利润

企业目标利润规划是现代企业科学管理方法之一。它通过对企业未来一段期间内，经过努力应达到的最优化利润即目标利润进行科学的预测，控制、规划、掌握其影响因素及变化规律为管理者提供决策信息的活动。

利润 = 营业收入 − 成本费用，成本包括固定成本和变动成本两部分。

固定成本是不受业务量影响、与营业额无关的成本，例如房租、员工工资、网费等，即使你这个月的营业额只有 5000 元，也必须支付同样的费用，这就是固定成本，它们都是不得不支付的费用。

变动成本是随着业务量增长而正比例增长的成本，它会随着营业额的增加而相应增加，随着营业额的减少而相应减少。例如材料成本，如果卖一件服装定价为 200 元，它的进货成本只需 120 元，如果卖两件，它的成本就是 240 元，这就是变动成本。

增加利润额的方法有很多，例如增加营业额、降低固定费用，此外，提升产品毛利率（即边际贡献率）也是一个可行的方法。

1. 增加营业额

营业额取决于客数和客单价两项。

所谓客数是指实际购买产品的顾客人数。

所谓客单价则是指每位顾客平均购买产品的金额。

营业额 = 客数 × 客单价

由这一公式我们可以看出，要提高营业额就是要增加客数和提高客单价。

通过这几个公式我们就知道，要提高营业额，就应该增加来店的人数，提高顾客的购买率，同时要尽量让顾客在网店中购买价格高的产品。而要做到这些，就必需提高顾客对网店的期望。在现在这个社会里，顾客对于一个网店的期望，不再是廉价的产品，而是优质的服务。所以网店在提升业绩时要牢牢抓住“服务”这个中心。

2. 提升毛利率

成本费用属于变动成本，降低成本费用，就意味着降低成本变动成本率，即提升毛利率。要提升毛利率有两种方法，一是提高单价，二是降低成本。如果提高单价，消费者的感受更不容易被接受，相比较而言成本费用对利润的影响更大，降低成本费用比提高单价更容易被顾客接受。所以掌柜应该尽可能地选择低价优质的货源，减少物流运输的费用，以此来降低成本。

10.5.4 加强现金管理

为防止资金的体外循环，加强对资金的管理，许多企业都采取了一系列加强现金管理的措施。资金短缺是当前很多网店面临的一个十分突出的问题，现金是流动性最强的资产，得好好管理，关于现金的管理，可以设置一本“现金日记账”，记录每日收取的现金数额、支出的现金数额及结存的现金数额。

加强现金管理的主要具体做法：

1. 加速收款，推迟付款

为了提高现金的使用效率，加速现金周转，应尽量加速收款，即在不影响未来销售的情况下，尽可能地加快现金的收回。

一般而言，当客户延迟付款，而供应商急于回款，店铺付款周期比收款周期短时，便可能陷入资金周转困难的境地；相反，当店铺付款周期长于收款周期时，那么店铺业务量越大，则相当于从供应商那里获得的“无息贷款”也就越多。

2. 加强存货管理

存货管理是网店现金流管理的重要组成部分。存货会占用现金，过多的存货会导致网店出现现金流紧张的状况。

网店的利润率低，但如果能够把每天进的货品都卖掉，回报就会很高，甚至于推荐卖家刚起步时考虑零库存的经营方法。

加强存货管理的一个重要方面就是提高存货周转率。存货周转率真是衡量和评价网店购入存货、销售收回等各环节管理状况的综合性指标。它是销货成本被平均存货所除而得到的比例，或称为存货周转天数。

存货周转率指标的好坏反映网店经营存货管理水平的高低，它影响到短期偿债能力，是整个网店管理的一项重要内容。一般来讲，存货周转速度越快，存货占用水平越低，流动性越强，存货转换为现金或应收账款的速度越快，存货的占用水平越低，流动性越强，存货转换为现金或应收账款的速度越快。因此，提高存货周转率可以提高企业的变现能力。

3. 编制现金预算

现金预算是网店对现金流动进行预计和管理的重要工具，它是用来反映未来某一期间的一切现金收入和支出，以及二者对抵后的现金余缺数的预算。现金预算包括现金收入、现金支出、现金溢余或短缺、资金的筹集和运用这 4 个部分。通过编制现金预算可以帮助网店有效地预计未来现金流量，为网店提供预警信号，及早采取措施。

编制现金流量预算时，网店应该将各具体目标加以汇总，并将预期款来收益、现金流量、财务状况及投资计划等，以数量化的形式加以表达，建立全面预算方案，预测未来现金收支的状况。此外，应根据年度现金流量预算，以周、月、季、半年及一年为期，建立流动式现金流量预算，这样更有利于依据网店现金流量的实际状况做出适时调整。

10.6 解决融资困局

每个人创业之前，都需要做好心理准备，融资一就是个非常重要的事情，不懂得融资或者不进行融资，创业将会变得无比困难。目前国内创业者的融资渠道较为单一，主要依靠银行等金融机构来实现，其实创业融资有多种渠道来选择。

10.6.1 创业前都需要做哪些资金准备

对于开创企业的人来说，拥有的资金越多，可选择的余地就越大，成功的机会也就越大。因此，创业前一定要有必要的准备资金。

1. 准备一笔启动资金

创业伊始，创业者需要一笔启动资金来购买设备和原料、租用办公场地、招聘工作人员等，这些都需要开支。资金的来源可以通过各种渠道筹划，例如自有资金、集资、贷款以及与别人合伙等。启动资金越充分越好。这是因为经营启动后可能会遇到资金周转困难的情况。如果准备资金不到位，就可能因一笔微不足道的资金，弄垮刚刚起步的事业。

2. 动产或不动产变现

自己动产或不动产变现是资金的主要也是最可靠的来源。人们把钱存入银行，变成存款，取得利息。而在经营者眼里，单靠利息，钱的增值太慢，钱要变成资本，资本就能迅速增值。如果经过仔细选择，寻找到合适的产品，对市场等有信心，就果断将手头的钱投资到你充分论证、选择的产品中去。但有一点应该注意，要留一些备用金，以防不测，俗话说“鸡蛋不能放在一个篮子里面”。可留一部分钱购买国债和储蓄，以备家庭生活和生意上急用，也可以使你坦然处事。

3. 通过他人筹集资金

自己的资金不够，可以通过亲戚朋友集资，也可以动员其他老板来投资。但你要说服别人，必须要有一整套详细的实施计划和可行性论证。再加上你个人的魅力和口头说服力，去说服别人投资。要承诺并实现风险共担，认真谨慎使用别人的钱，宁可自己吃亏，也要保证按约定兑现别人的投资回报。这样，有了信用，别人才会愿意借钱给你，或继续投资给你。

在开始创业之前，一定要做好充分的资金准备，这样才能保证创业按照既定计划顺利地进行。

10.6.2 利用阿里巴巴小额贷款解决淘宝店铺融资

目前我国以银行贷款为主体的融资模式已无法满足小微企业的融资需要，而兴起于网络的余额宝则吸引了人们的目光。众所周知，目前小微企业融资难的内因主要是企业经营理念不完善，经营风险较高，企业规模小，缺乏担保抵押的资产。概括地说，银行不愿投资小微企业的原因主要是回报与风险的不匹配。

淘宝店铺虽不是生产经营企业，但其资金需求的特点与小微企业有诸多相似之处。

第一，店铺自有资本较少，不适用于传统的信用评价方法。网上购物平台中对于商家的信用评级以及来自消费者的好评在信贷机构眼中可能并无参考价值。

第二，淘宝店铺贷款的用途主要集中在网店进货和网络推广上，这决定了网店经营需要频繁地操作小额信贷，由于手续繁杂且回报微薄，各大银行对此类业务缺乏兴趣。

阿里巴巴已经建立了一套依托于数据和互联网的新型技术，并形成淘宝信用（订单）贷款、天猫信用（订单）贷款、阿里信用贷款等针对不同平台小微企业的较为完善的产品方阵。对融资中小企业的审核，阿里巴巴主要看其在阿里平台上的评级，且考察过程都在网上进行，效率很高，贷款不良率在远在 1% 以下。对于小额信贷来说，中小企业的采购、交易等财务数据是贷款成功与否的关键数据，银行为了获得这些数据，会投入非常大调查成本，而阿里巴巴最大的优势便是拥有这些资源。

针对淘宝店主急需资金周转的问题，对于银行难以解决的问题，阿里巴巴小额贷款的优势如下。

（1）可借助支付宝平台对现金流进行实时监测。目前大多数淘宝卖家在支付宝平台进行交易，换句话说，假如阿里巴巴需要了解卖家现金流情况，它可以用支付宝平台获取卖家的交易情况，达到对现金流的实时监测。

（2）可依据底层数据对店铺进行信用评估。阿里巴巴可与淘宝网的底层数据联动，淘宝店主在淘宝网上经营的信用记录、发生交易的状况、投诉纠纷情况等信息都可在评估系统中通过云计算分析，作为最终贷款的评价标准。

（3）可利用支付宝平台简化融资手续。商家可以从阿里巴巴中得到贷款资金，类似于交易完成后支付宝向商家的转账。

10.6.3 如何利用人脉筹到创业资金

成熟的人际关系网络可为你网罗财富是人所共识的，但怎么去挖掘这笔财富，并很好地为己所用呢?

（1）建立有效关系网在平日社交场合时，应累积多元化的人际关系。对于中小店铺老板来说，抽点时间与精力经营此种关系网是绝对必要的。

（2）累积信誉影响力与金融机构或资金主间的往来更需一点一滴用心经营。若我们可以透过长线布局、策略规划与主动出击的方式，一方面累积自己与银行的信用与声誉，而一方面也为自己未来的任何可能的资金需求先作布局，届时若真有需求时，你将发现平日的点滴累积会发挥其一定影响力。

（3）全面收集，细心整理，建构强力数据库。对于每一间往来银行的特性或关于每位可能资金主的特性，一定要细心收集整理并分析。

（4）策略规划，战术运用，潜移默化事竟成。

通过平日绩效的培养、人脉资源的酝酿发酵、创业信息发布的时间掌控、有力人士的运作影响等多种方式的交叉运用与安排下，相信前述的种种活动必定能让你在有资金需求时发挥其一定的功效与帮助。

10.6.4 怎样向家庭或朋友筹集资金

创企业早期需要的资金具有高度的不确定性，而且由于需要的资金量较少，对银行和其他金融机构来说缺乏规模经济性。

因此在这一阶段，对创企业来说，除了创业者本人，家庭或朋友就是最为常见的资金来源。出于他们与创业者之间的亲情关系，也由于他们易于接触，他们是最可能进行投资的人。家庭和朋友能为新创业提供少量的权益资金，部分满足大多数新创业所需要的少量资本需求。有时候家庭或朋友的帮助并不是直接提供资金，而是通过提供担保等方式帮助创业者获得所需要的资金。

尽管从家人或朋友那里获得资金较为容易，但同所有其他资金来源一样，这种融资既有好处也有缺陷。虽然获得的资金数额较少，但如果这时以权益资金的方式注入，家庭成员或朋友就获得了企业的股东地位，享有相应的权益和特权。这可能会使他们觉得他们对企业经营有直接的投入，从而对雇员、销售收入及利润产生负面的影响。

为了避免一些潜在的问题的出现，创业者应当全面考虑投资的正面和负面的影响及其风险性，使得问题出现时，能够尽可能地减少对家人或朋友的关系的负面影响。严格企业管理就能帮助减少将来可能出现的问题。必须以公事公办的态度将家人或朋友的贷款与不熟悉的投资者的资金同等对待，任何贷款都要明确规定利率以及本金和利息偿还计划。

10.6.5 争取政策性扶持资金

作为调节产业导向的有效手段，各地政府部门每年都会拿出一些扶持资金，例如广州设专项资金扶持电商。专项资金拟规定采取财政补助、以奖代补、贷款贴息等方式安排使用。其中采取财政补助方式支持的项目，原则上单个项目补助金额不超过项目总投资额的 30%。

以奖代补方面，拟对经认定的市电子商务示范企业，每家企业给予一次性 200 万元奖励。在境外新上市的电子商务企业，给予每家一次性 300 万元扶持；在广州新挂牌交易的电子商务企业，给予每家一次性 30 万元扶持；在境内新挂牌交易的电子商务企业，给予每家一次性 100 万元扶持。

不妨争取这样的政策性扶持，一旦成功，资金问题就会迎刃而解。一些政府创办的高科技企业孵化基地，对通过资格审查的企业将提供免 3 年租金的办公场所，并给予一定的创业扶持资金。